Políticas educacionais

EDUCAÇÃO NA UNIVERSIDADE

AVALIAÇÃO EDUCACIONAL *Sandra Zákia Sousa* e *Valéria Virgínia Lopes*
CURRÍCULOS *Marlucy Alves Paraíso*
EDUCAÇÃO DE JOVENS E ADUTOS *Roberto Catelli Jr.*
EDUCAÇÃO ESPECIAL *Jáima Pinheiro de Oliveira*
EDUCAÇÃO INFANTIL *Lívia Fraga Vieira* e *Mônica Correia Baptista*
FILOSOFIA DA EDUCAÇÃO *Ronai Rocha*
GESTÃO DA EDUCAÇÃO *Iracema Santos do Nascimento*
POLÍTICAS EDUCACIONAIS *Carlos Roberto Cury* e *Zara Figueiredo Tripodi*
PSICOLOGIA EDUCACIONAL *Maria de Fátima C. Gomes* e *Marcelo Ricardo Pereira*

Conselho da coleção
José Sérgio Fonseca de Carvalho – USP
Marlucy Alves Paraíso – UFMG
Rildo Cosson – UFPB

Proibida a reprodução total ou parcial em qualquer mídia
sem a autorização escrita da editora.
Os infratores estão sujeitos às penas da lei.

A Editora não é responsável pelo conteúdo deste livro.
Os Autores conhecem os fatos narrados, pelos quais são responsáveis,
assim como se responsabilizam pelos juízos emitidos.

Consulte nosso catálogo completo e últimos lançamentos em **www.editoracontexto.com.br**.

Carlos Roberto Cury
Zara Figueiredo Tripodi

Políticas educacionais

Copyright © 2023 dos Autores

Todos os direitos desta edição reservados à
Editora Contexto (Editora Pinsky Ltda.)

Foto de capa
CDC em Unsplash

Montagem de capa e diagramação
Gustavo S. Vilas Boas

Coordenação de textos
Luciana Pinsky

Preparação de textos
Lilian Aquino

Revisão
Mariana Carvalho Teixeira

Dados Internacionais de Catalogação na Publicação (CIP)

Cury, Carlos Roberto
Políticas educacionais / Carlos Roberto Cury, Zara Figueiredo
Tripodi. – 1. ed., 1ª reimpressão. – São Paulo : Contexto, 2025.
160 p. (Coleção Educação na Universidade)

Bibliografia
ISBN 978-65-5541-383-0

1. Educação – Brasil 2. Educação e Estado
I. Título II. Tripodi, Zara Figueiredo III. Série

23-5787   CDD 370

Angélica Ilacqua – Bibliotecária – CRB-8/7057

Índice para catálogo sistemático:
1. Educação – Brasil

2025

EDITORA CONTEXTO
Diretor editorial: *Jaime Pinsky*

Rua Dr. José Elias, 520 – Alto da Lapa
05083-030 – São Paulo – SP
PABX: (11) 3832 5838
contato@editoracontexto.com.br
www.editoracontexto.com.br

Sumário

Apresentação 7

A Política Educacional 13

O direito à educação no Brasil 25

A organização da educação nacional 37

O federalismo educacional 51

Histórico do financiamento
    da educação básica 61

Dinâmica do financiamento
    da educação básica 69

A avaliação educacional 83

O Sistema Nacional de Educação 93

Gestão democrática 105

Qualidade em educação 117

A educação escolar e a rede privada 131

A Educação para
    as Relações Étnico-Raciais (ERER) 145

Sugestões de leitura 157

Os autores 159

Apresentação

Muitos de vocês seguramente já ouviram a história de que o mestre francês da pintura impressionista Claude Monet, acreditando que pudesse melhorar o resultado do seu trabalho, se dirigia à casa dos clientes, depois de seus quadros já vendidos, para dar um "último" retoque, uma última pincelada.

Sem nenhuma pretensão de nos compararmos, obviamente, a Monet, a escrita deste livro em alguma medida obedeceu à dinâmica do pintor francês: foi objeto de muitas reescritas, idas e vindas, escolhas e desapegos, até que se chegasse a esta versão final.

Escrever um livro sobre políticas educacionais voltado para os estudantes do ensino superior, em cursos de licenciatura e pedagogia, de um lado, impôs-nos desafios de várias ordens. Por outro, no entanto, nos mobilizou de modo profundo, na medida em que entendemos que esta era a oportunidade para tentar preencher, de certo modo, lacunas que observamos, com frequência, nas nossas salas de aula, na graduação, em termos de escolha dos textos que compõem os planos de cada curso.

Comecemos pelos desafios.

O primeiro deles diz respeito ao recorte das temáticas a serem tratadas. O campo das políticas educacionais comporta um grande número de unidades temáticas e, por isso, fazer escolhas é sempre um risco. Não raro temos a impressão de que estamos deixando para trás algo importante e que comprometerá o sentido de algum tema. De igual modo, somos constantemente tentados a querer discutir uma infinitude de assuntos, em especial aqueles que estão na agenda do dia, sobretudo na grande mídia, e que fazem parte da política educacional.

Assim sendo, mesmo diante de um grande leque de possibilidades temáticas para abordar, nossas escolhas decorreram da compreensão de que deveríamos nos concentrar naquelas que estruturam a área do conhecimento e que mantêm certa relação causal com vários outros fenômenos educacionais.

A exemplo disso, em que pese toda a discussão que tem permeado o debate político em torno do arcabouço fiscal e reforma tributária, escolhemos tratar do financiamento educacional, considerando seus aspectos estruturantes. Assim, os pressupostos básicos que sustentam o debate mantêm-se atuais.

O segundo desafio que enfrentamos está vinculado ao necessário, mas difícil, trabalho de construir uma lógica de escrita e apresentação ao leitor que garanta certa independência dos capítulos e que, ao mesmo tempo, seja coeso na sua totalidade.

Esteve ao nosso lado, durante o processo de escrita, a preocupação de que o leitor não precise voltar ao capítulo anterior para compreender o seguinte. Mas, ao mesmo tempo, que ele seja capaz de compreender que há uma lógica interna e também temática que permite que cada capítulo converse um com outro.

Um terceiro desafio foi nos lembrar a cada momento que este livro é voltado para os estudantes que estão na graduação e que estão se formando para serem os futuros professores da educação básica.

Por isso, escolhemos selecionar as políticas educacionais que estão voltadas para a educação básica e que podem contribuir para o futuro professor e gestor desta etapa educacional na sua prática cotidiana.

Não podemos nos esquecer que os nossos estudantes de licenciaturas e pedagogia, ao serem diplomados, passam a ser elegíveis para exercer o cargo não apenas de professor, mas também de coordenador pedagógico ou diretor escolar.

Assim, os temas aqui tratados são inerentes a qualquer debate de política educacional, formando mesmo a parte estrutural do campo e apresentando discussões que certamente serão importantes tanto na formação para o exercício docente na sala de aula, quanto para aqueles que atuarão na gestão das escolas ou mesmo das redes.

Não é possível supor, por exemplo, que um bom gestor desconheça como funciona a dinâmica orçamentária da educação. Quais são as proibições orçamentárias, quais são as fontes de recursos que permitem que as escolas funcionem, que os professores sejam pagos, dentre outros.

Do mesmo modo, é preciso que se conheça a organização da educação básica, de modo profundo, para que sobre ela possa se tomar decisões legais e acertadas. No mesmo caminho, é preciso que o futuro profissional da educação conheça como se estrutura o federalismo educacional, as competências de cada ente federado e as obrigações legais envolvidas na oferta da educação.

Como podemos ver, foram muitos os desafios. E o que nos mobilizou durante todo o processo de escrita do livro foi o desejo de superá-los para produzir uma obra que contribua de modo mais efetivo sobre este importante campo do conhecimento, ou seja, sobre as políticas educacionais.

A experiência de estarmos na sala de aula, em cursos de graduação, e por isso mesmo vivermos as angústias que envolvem a escolha da literatura que compõe os planos de curso, a cada semestre, foi um elemento que nos ajudou bastante nas escolhas aqui feitas.

Além disso, a resposta dos nossos estudantes aos textos que usualmente oferecemos contribuiu para que também nos decidíssemos sobre qual abordagem temática seria a mais adequada.

Considerando, portanto, todos esses aspectos, começamos o livro discutindo o sentido, as razões e os fundamentos da "Política Educacional", enquanto área do saber. Isso foi feito a partir da própria etimologia do termo, bem como a polissemia nele envolvida, especialmente nos países de língua neolatina. Ainda no primeiro capítulo, discutimos um elemento-chave para o debate que é a categoria "Estado", mais particularmente o Estado Social e sua manifestação no âmbito educacional. Discutir a concepção de Estado, de governo, de política pública é importante porque isso nos permite situar os programas e as ações de governo dentro de uma perspectiva de sociedade, ou seja, nos ajuda a compreender qual o projeto de sociedade que se busca construir ou que é posta em curso.

Relacionado ao projeto de sociedade que se busca construir, ou se tem, está o tema do segundo capítulo, que é o "O direito à educação no Brasil", e como ele se expressa. Assim, discutimos sua construção histórica e o modelo de Estado Social assumido a partir da Constituição Federal de 1988, no campo educacional. Discutimos ainda os caminhos trilhados pelo país na garantia desse direito, culminando com a aprovação da Lei nº 9.394/1996, que institui as Diretrizes e Bases da Educação Nacional, bem como um conjunto de atos normativos secundários, que dela decorrem ou que por ela foram influenciados.

Já o terceiro capítulo aborda "A organização da educação nacional", nas suas etapas e modalidades educacionais. Além disso, discutimos os papéis dos sistemas municipais, estaduais, distrital e federal de ensino dentro da política educacional. É um capítulo mais prático, digamos assim. A nossa preocupação, nesse caso específico, foi dar aos estudantes, sobretudo aqueles das licenciaturas, a noção essencial de como a educação básica é constituída. Buscamos mostrar a diferença de etapas e modalidades, diferenças entre sistemas de ensino, entre outros aspectos.

Em "O federalismo educacional", demos ênfase à discussão em torno das competências de cada ente federado em termos de educação, sem descuidar dos elementos que forjam a própria engenharia federativa. Nele, examinamos o funcionamento da engrenagem federativa educacional, as competências legais dos entes federados, os arranjos cooperativos ou predatórios envolvidos na oferta educacional, além das razões que definem a organização político-territorial do federalismo.

Os dois capítulos seguintes, o quinto e sexto, tratam de um tema que dialoga muito com o federalismo, que é o financiamento da educação básica. Inicialmente, recuperamos as origens históricas do financiamento da educação brasileira, articuladas às formas de organização do Estado brasileiro, em distintos momentos históricos. A compreensão dessa trajetória é importante, inclusive para se examinar as desigualdades educacionais que marcam a federação na atualidade.

Depois de discutirmos o percurso histórico, nos dedicamos a discutir a própria dinâmica do financiamento. Compreendemos que esta é uma grande lacuna nos cursos de licenciatura e pedagogia, pois na maioria deles não se discute como funciona operacionalmente o recurso que chega às escolas, em que pode ser gasto, e mesmo a regressividade do sistema de financiamento educacional. Ou seja, as escolas que mais precisam são as que recebem mais recursos? Assim sendo, neste capítulo abordamos as fontes de recurso de cada ente federado, no âmbito da educação, transferências constitucionais, programas suplementares, e também o Fundo de Manutenção e Desenvolvimento da Educação Básica e de Valorização dos Profissionais da Educação (Fundeb).

No capítulo "A avaliação educacional", discutimos a temática da avaliação, que tem ocupado uma grande centralidade no debate educacional. Nesse capítulo, também tivemos uma contribuição importante do professor e pesquisador Paulo Arcas, que vem dedicando suas pesquisas ao tema. Discutimos duas perspectivas de avaliação. A primeira é a avaliação da aprendizagem, ou a avaliação NA escola, interna a ela, elaborada e gerida pelos profissionais da educação. Já a segunda é a avaliação DA escola, isto é, as avaliações em larga escala de rendimento de aluno, produzida e conduzida pelos governos, seja federal, seja estadual e mesmo municipais. Discutimos ainda o principal indicador da educação básica, o Ideb, apontando suas contribuições à discussão da qualidade educacional, mas também suas limitações.

O capítulo seguinte trata do Sistema Nacional de Educação, com ênfase sobre a construção de arenas de pactuação dos entes federados, à luz do federalismo brasileiro. Assumimos, neste livro, a perspectiva do Sistema Nacional de Educação como uma oportunidade de, finalmente, instituir, de fato, uma política de Estado que se traduza em um Plano Nacional de Educação que seja viável, factível e de recorte democrático.

Em "Gestão democrática", discutimos os fundamentos legais expressos na Constituição Federal, Lei de Diretrizes e Bases da Educação e também a Lei nº 13.005/2014, que aprova o Plano Nacional de Educação.

A discussão sobre o que é qualidade em educação fundamenta o capítulo seguinte do livro. Discutimos as concepções que o termo vem assumindo na educação brasileira, sobretudo, a partir do percurso histórico que levaram as camadas populares à escola pública. Nesse debate, incorporamos a dimensão de "equidade" como intrínseca à noção de qualidade.

O capítulo que segue examina a educação escolar e a rede privada com especial atenção para o art. 213 da Constituição Federal, inventariando as formas como a lógica privada se relaciona com a educação escolar. Discutimos como o lucro, inerente ao sistema contratual de mercado, é aceito e reconhecido por um segmento das escolas privadas, que, por sua vez, pelo princípio da *coexistência,* podem ser autorizadas pelos Conselhos de Educação e assim fazerem parte dos sistemas de ensino.

O capítulo "A educação para as Relações Étnico-Raciais (ERER)", que fecha o livro, discute a ERER na perspectiva de uma política de Estado. Assim, buscamos traduzir o que seria uma política antirracista trazendo para o debate o financiamento educacional, os indicadores, os processos de indução e coordenação federativa na perspectiva racial.

No nosso entendimento, e esse foi o esforço feito ao longo do processo de escrita, este livro aborda as temáticas que constituem os elementos centrais no debate da política educacional no âmbito da educação básica. Tentamos fazer um movimento de, sempre que possível, recuperar os aspectos históricos que informaram e/ou conformaram as políticas, bem como apresentar sua dinâmica e seus contornos na atualidade.

Desejamos que a leitura lhes seja leve; ao mesmo tempo, que possa nutrir os debates necessários no âmbito da política educacional.

A Política Educacional

Falar de política educacional parece, a princípio, uma coisa fácil. Mais do que isso. A frequência com que ouvimos essa expressão sugere que ela seja de amplo domínio, o que permitiria que as pessoas se sentissem bastante seguras para discuti-la e opinar sobre ela. No entanto, essa falsa impressão desaparece tão logo percebemos a enorme polissemia que existe por trás do termo.

Quando falamos de política educacional, estamos nos referindo a uma parte específica ou setorial das políticas públicas, que é a educação. Mas, para que se possa compreender de modo mais claro o que ela significa, é importante estarmos atentos aos dois termos que a compõem: política e educacional.

Há muito tempo, tanto os filósofos quanto os cientistas políticos vêm se ocupando em definir o termo "política". Etimologicamente, ele deriva do grego *politikós* e se refere aos cidadãos que formavam a *polis*, ou seja, a cidade-Estado.

Isso quer dizer que a palavra *política* está vinculada de modo indissociável à vida em sociedade, às regras de convivência, pautadas em direitos e deveres, que fundam um pacto social, incluindo, claro, as relações entre representantes e representados, próprias das democracias.

O segundo termo, por sua vez, relaciona-se, obviamente, à "educação" e pode ser compreendido como os processos envolvidos na formação dos indivíduos, por meio de instituições formais, como as escolas, e mediados pela presença do Estado, como regulador desse processo.

Tendo definido esses dois termos, é possível, assim, entender "políticas educacionais" como programas ou ações governamentais voltadas para o campo da educação, envolvendo órgãos públicos, assim como diferentes organismos e agentes, que carregam consigo visões distintas das relações entre Estado e sociedade, além de diferentes concepções de educação e de seus fins.

Já que as políticas educacionais podem ser compreendidas como a implementação de ações governamentais, pode-se dizer que elas expressam formas de intervenção do Estado, ou seja, a sua materialização.

Assim, sempre que se discutem "políticas educacionais", os termos "Estado" e "governo" aparecem de modo muito próximo ao debate. E isso não é uma mera coincidência. Esses dois termos, embora sejam frequentemente confundidos ou tomados como sinônimos, significam (e apontam para) modos distintos de se pensar e produzir formas de intervenção em uma sociedade. São comuns as expressões "políticas de Estado" e "políticas de governo" para determinar certas ações voltadas para a área da educação. Mas qual a diferença entre elas?

Em regimes políticos democráticos, o Estado pode ser compreendido como um conjunto de instituições estáveis, como o Legislativo, o Executivo e o Judiciário, que têm como finalidade promover o interesse público e os objetivos políticos. O Estado é, assim, uma instituição que regula e coordena a ação social em uma sociedade, além de arbitrar conflitos e ter um papel de regulador, também, do sistema econômico.

Já o governo pode ser entendido como um determinado grupo de indivíduos que por um período previamente delimitado representa o Estado, ocupando uma das posições institucionais de poder. Além disso, um governo tem competências prioritárias sobre sua esfera, seja ela federal, estadual ou municipal.

A política educacional resulta, desse modo, das concepções de Estado de determinado grupo que forma o governo em um determinado período. Ou seja, se as políticas educacionais serão mais sólidas ou frágeis, abrangentes ou focalizadas, conservadoras ou progressistas, vai depender, principalmente, do que pensam as instituições sobre o papel do Estado em uma sociedade, em termos educacionais.

O ESTADO E SUAS FACES

O Estado, como nós o conhecemos na contemporaneidade, foi estruturado no cenário europeu, na transição do período feudal para a modernidade. Esse momento, que se convencionou chamar, então, de modernidade, tem como um de suas principais características a presença de uma economia de mercado.

Quando nos referimos à economia de mercado estamos tratando de um sistema em que a economia passa a ser conduzida pela lógica da iniciativa privada, utilizando-se basicamente da lei de oferta e procura para a estruturação da política econômica.

Essa alteração no sistema produtivo e de distribuição de riquezas leva o Estado moderno a expandir suas funções sociais e suas prerrogativas em termos de proteção social, expressa pela oferta de bens sociais como saúde, educação, previdência.

De início, pode parecer contraditório que a instituição de um Estado Social ocorra exatamente nos marcos da instituição de economia de mercado. Mas é exatamente nessa intersecção que surge o que denominamos de "espaço público da regulação". Isso significa que o Estado passa a produzir políticas públicas como educação, por exemplo, de modo a tentar equilibrar as desigualdades produzidas pelo mercado.

Podemos dizer que essa onda de ação do Estado intervindo sobre a sociedade, por meio da produção de políticas sociais, prolongou-se até o fim da Segunda Guerra Mundial no continente europeu. Ao agir assim, o Estado se consolida como um ator de fundamental importância para a coesão social dos países, àquela altura.

Quando falamos de coesão social estamos nos referindo ao nível de solidariedade social que existe entre todos os membros de uma sociedade.

Trata-se do grau de consenso observado entre os indivíduos sobre a necessidade de proteger socialmente as pessoas, em especial os mais empobrecidos. Assim, estamos falando do tamanho e da força da ação cooperativa dentro da sociedade. Essa coesão social é muito importante porque quanto mais sólido for o vínculo social entre diferentes grupos, mais se fortalece a solidariedade necessária para que se reduzam as desigualdades na sociedade, como a educacional, por exemplo.

Como vimos, o período que sucedeu à Segunda Guerra foi marcado pela construção de uma forte coesão social. E quem foi responsável por isso? Como foi feito? A resposta a essa questão é "o Estado".

O Estado, como instituição, passou a intervir sobre a sociedade, mas também sobre a economia de mercado, de modo a tentar equilibrar as duas pontas da gangorra, que pendia, e pende, obviamente, para o lado do mercado. Assim, é o Estado que faz a mediação entre os indivíduos e os laços de solidariedade por meio de algo que chama "fundo público".

O fundo público é uma espécie de poupança, para onde são destinados os recursos extraídos da sociedade, via impostos. Esses impostos são transformados em políticas sociais, como as de educação, para atender, assim, aos que precisam dos equipamentos públicos como as escolas, creches, hospitais.

A solidariedade nesse caso não tem conotação religiosa ou moral. Ela é política. E por ser política, é o Estado que deve mediá-la.

Nessa concepção de solidariedade, a oferta de qualquer bem público não está condicionada a simpatias ou preconceitos. Esse tipo de solidariedade se realiza na perspectiva coletiva e social de direitos e deveres.

Mas como isso acontece?

Todas as pessoas são obrigadas a pagar impostos (deveres), que, por sua vez, são recolhidos pelo Estado. Esses tributos são transformados em ações ou programas educacionais, como a construção de creches para as crianças pequenas, a distribuição de merenda, o transporte escolar e o salário para os professores (direitos).

Embora os recursos que se transformam em vagas de creche sejam pagos por todos os indivíduos, não cabe a nenhum de nós, individualmente, decidir quais crianças serão atendidas. Todos pagam e os benefícios são distribuídos aos que precisam. Ou seja, existe, assim, um tipo de exercício de solidariedade abstrata. Estamos sendo solidários com indivíduos com quem não temos padrões de relacionamento, uma vez que nossos impostos se transformam em ações ou programas educacionais que atendem a todos os que precisam dos equipamentos públicos.

É esse tipo de solidariedade que constrói a coesão social. É por meio dela que se formam os consensos sociais, como escola pública para todos que dela precisam ou querem frequentá-la, inclusive as camadas mais ricas da sociedade.

Contudo, essa ação cooperativa abstrata entre indivíduos, responsável pela coesão social, precisa ser construída, não é algo dado. Além disso, ela não é estática e imutável. Ao contrário, a solidariedade, que é mediada pelo Estado, está sujeita a variações. A força ou fraqueza dessa ação depende, essencialmente, das relações entre sociedade e Estado.

Se determinado governo, que detém o poder, entende que o papel do Estado na educação deve ser mínimo, suas ações e programas refletirão essa concepção. Isso se dará via cortes no orçamento educacional ou na fragilidade de propostas pedagógicas para as redes de ensino.

Assim, os consensos sociais sobre o papel do Estado na educação ou em qualquer outra política social estão sujeitos à revisão de concepções.

Em uma perspectiva histórica, pode-se ter como exemplo o que ocorreu no fim dos anos 1960 na Europa. O consenso que vigeu até o pósguerra, de que era importante a presença de um Estado forte, perdeu força nos anos seguintes e foi reformulado.

Dois fatores colocaram em xeque o pacto social que até então havia prevalecido. De um lado, o modo como o Estado vinha atuando, no sentido de ser protagonista na transformação da sociedade, por meio de políticas públicas, passou a dar sinais de esgotamento. De outro lado, grupos alinhados ao liberalismo econômico passaram a defender a presença de um "Estado mínimo" e sua "mão invisível do mercado" como atores privilegiados para equacionar os próprios problemas econômicos e sociais.

Essa mudança no clima ideológico da época levou a que alguns estudiosos questionassem o limite de atuação estatal, atribuindo a ela a responsabilidade da própria crise dos anos 1970. Esse movimento político e intelectual, de certa antipatia em relação ao Estado, levantava questionamentos sobre sua lógica de intervenção, não sobre sua legitimidade.

Em decorrência desse movimento, as fronteiras entre o público e o privado começam a ficar porosas e mais tênues. Passou-se a questionar se caberia ao Estado ofertar diretamente as políticas sociais, como educação, por exemplo. Ou se ele poderia apenas oferecer subsídios para a iniciativa privada ou para Organizações da Sociedade Civil (OSCs) ofertar os serviços.

Esse movimento ganhou força desde então e atingiu diferentes políticas sociais de modo distinto. No caso brasileiro, algumas delas foram transferidas para outros atores com mais intensidade, outras menos. No campo educacional brasileiro, em algumas etapas e modalidades, como o caso das creches ou educação profissional, essa tendência aparece mais demarcada, enquanto em outras etapas assiste-se a certo avanço.

O ESTADO SOCIAL NO CONTEXTO BRASILEIRO

Quando falamos em Estado Social ou Estado de Bem-Estar Social, estamos nos referindo às formas de manifestação ou de expressão do Estado na sociedade. Estamos tratando da proteção dos indivíduos, principalmente daqueles mais fragilizados.

Afinal, no Brasil, os indivíduos podem contar com o Estado nas contingências sociais? O Estado tem se expressado na vida dos cidadãos quando eles precisam de uma vaga na creche? Quando se observa evasão escolar? Ou baixa aprendizagem de grupos específicos? Ele tem se manifestado na produção de infraestrutura adequada para os estudantes?

Para entender as formas com que o Estado tem se materializado no Brasil, em relação às políticas sociais, com ênfase para a educacional, é preciso compreender duas características que estiveram presentes na sua formação.

A primeira característica é que os direitos sociais não nascem sedimentados na democracia. A política social se institucionalizou no país precisamente nos anos de 1930 e 1970, na era Vargas e na Ditadura Militar, quando são estabelecidos por aqui regimes autoritários e os direitos políticos são cassados. Esse fato, no caso da educação, vai ter efeitos, por exemplo, sobre a sua gestão democrática.

Já a segunda característica é a base meritocrática que marca o nascimento das políticas sociais no país. Quando falamos de base ou sistema meritocrático, queremos dizer, nesse caso, que a política social nascida naquele momento só "protegia" os indivíduos que estivessem inseridos no mercado de trabalho formal. O vínculo trabalhista era condição obrigatória, por exemplo, para aposentadorias e serviços de saúde, exceto os casos de urgência.

As políticas de educação e de saúde básica desses dois períodos, contudo, tiveram dinâmicas distintas desse modelo, sendo, portanto, uma exceção. Elas tinham caráter universalista, apresentaram uma expansão massiva, mas sem ter alcançado a universalização. Todo estudante podia se matricular em uma escola pública, no ciclo básico obrigatório, como era chamado à época, independentemente da família estar ou não no mercado de trabalho.

Na década seguinte, aspectos como a transição democrática do país, o movimento das Diretas Já, o processo constituinte de 1986 e a Constituição de 1988, chamada de Constituição Cidadã, produziram alterações de forma e de conteúdo nas políticas sociais brasileiras.

No entanto, é importante não esquecer que os padrões de solidariedade em uma sociedade são variáveis e historicamente condicionados. Assim, a partir dos anos 1990, menos de uma década de aprovação da Constituição Cidadã de 1988, o país passou a experimentar uma reforma de Estado.

Diferentes atores políticos e institucionais defendiam, naquele momento, que era preciso reduzir os investimentos com as políticas sociais, dentre elas a educação. Para eles, o Estado estava "pesado" porque era o responsável direto por produzir bens sociais, e por isso era preciso fazer uma reforma.

A partir dos anos 2000, várias alterações passaram a ocorrer, reordenando as relações entre Estado, mercado e sociedade civil organizada. No caso da educação, de modo especial, passa-se a assistir a tendências de mudança na sua forma de oferta e gestão, com o aumento exponencial de participação de Organizações da Sociedade Civil em diversos formatos, como institutos, fundações, associações.

EDUCAÇÃO, POLÍTICA E ESTADO

Quando avaliamos a ação do Estado na educação básica, o primeiro ponto que devemos considerar é que a política educacional obedeceu a um padrão de institucionalização no país distinto de outras áreas.

No caso da educação básica, é importante compreendermos que a sua oferta de matrícula nunca teve como contrapartida a obrigatoriedade de inserção no mercado do trabalho por parte da família do estudante. Nesse sentido, manteve-se o caráter universalista da oferta, embora essa condição não tenha sido suficiente para diminuir a longa trajetória de exclusão educacional com a qual o país vinha convivendo desde aquele momento.

Os períodos autoritários de 1930 e de 1970 também no campo educacional representaram uma institucionalização da política, já que nos dois períodos houve expansão do sistema. No primeiro período, a obrigatoriedade abrangeu 4 anos do ensino primário. No segundo, a ampliação da obrigatoriedade do ensino primário veio com a Constituição de 1967. Ela se confirmou com a lei nº 5692/71 e a nomenclatura mudou para ensino de primeiro grau. Contudo, em ambos os períodos não se alcançou a universalização dessa etapa obrigatória.

Além disso, o Estado não foi capaz de produzir uma expansão qualificada da educação. Houve uma preocupação com a construção de prédios escolares, mas sem o necessário debate pedagógico acompanhar a expansão da infraestrutura. Não se discutiram novas formas de atendimento educacional que fossem capazes de incluir, efetivamente, os grupos que nunca tinham tido acesso à escola. Também não foi uma preocupação estatal a formação e a valorização docente para melhorar a atratividade na carreira, que sequer existia naquele momento.

A promulgação da Constituição Federal de 1988, no entanto, constrói um quadro normativo de ação, e também uma organização institucional, o que contribuiu para formas mais qualitativas e, por isso, mais inclusivas de expressão do Estado nas políticas educacionais. Para além da nova engenharia federativa educacional, que define a responsabilidade da União, estados, distrito federal e municípios, por etapa escolar, o Estado passa a ser o responsável legal pela oferta da educação, a partir da educação infantil até o ensino médio.

É importante lembrar aqui que a obrigatoriedade educacional no Brasil é expressa no art. 208, I, da Constituição Federal, em termos de idade, não de etapas. Ou seja, no país a educação obrigatória se dá dos 4 aos 17 anos. Em um contexto de fluxo normal, essa faixa etária corresponderia do pré-escolar ao ensino médio. Entretanto, como temos muita reprovação, não necessariamente um adolescente que tenha 17 anos está no 3º ano do ensino médio. Ele poderia estar, ainda, no 9º ano, por exemplo. Daí a obrigatoriedade não o alcança mais.

A nova Constituição reconheceu que a educação é um direito de todos, inclusive das pessoas que não puderam ter acesso a ela na idade certa. O Estado passa a ser o responsável por essa oferta, precedendo à família, independentemente de ela ter ou não recursos financeiros. Podemos perceber que o padrão de solidariedade social assume outro patamar nesse contexto.

Outras importantes dimensões da política educacional foram alcançadas a partir de 1988: há a expansão do direito à educação, incluindo a educação infantil. A fase obrigatória passa a ser considerada direito público subjetivo, abarcando o intervalo de 4 a 17 anos. Tem-se uma vinculação de recursos destinados à educação; instituem-se programas universalistas de assistência à área como o Programa Nacional de Alimentação e Transporte Escolar, Programa Nacional de Livros Didáticos, programas de transferência direta de recursos para as escolas, entre outros.

A partir de meados dos anos de 1990, foi incorporada à educação uma importante política de fundos, inicialmente chamada Fundef, e alterado para Fundeb, uma década depois. Ainda nessa década, um robusto sistema de avaliação de toda a educação básica, o Saeb, foi criado.

Outros ganhos significativos, como a garantia da gestão democrática para as instituições públicas de ensino, passam a ser assegurados pelo menos em termos normativos. Passamos a conviver, também, com um forte movimento de inclusão e reconhecimento de estudantes com deficiência, quilombolas, indígenas e jovens e adultos dentro do sistema escolar.

Um aspecto curioso dessa dinâmica é que, embora a Constituição tenha construído essa importante rede de proteção educacional no país, ela não incluiu a "equidade" como um dos princípios sobre os quais o ensino público deveria se erigir, expostos no art. 206. O princípio da equidade somente aparece em 2009, por meio da Emenda Constitucional nº 59, que o insere no capítulo do financiamento, art. 212, § 3º.

Todas essas dimensões da política educacional (gestão, avaliação, acesso, financiamento, docência) foram inseridas, em 1996, na Lei de Diretrizes e Bases da Educação Nacional (LDB), que representa, na hierarquia normativa, a maior peça jurídica da área educacional.

Menos de uma década separa a Constituição Federal de 1988 da Lei de Diretrizes e Bases da Educação, de 1996. Entretanto, esse intervalo traz alterações para a política educacional. Isso acontece porque os direitos postos na Constituição e regulamentados pela LDB encontram um cenário reformista, cuja orientação era reduzir o tamanho do Estado.

Para os grupos que defendiam a reforma, iniciada em 1995, a crise do Estado era explicada pelo gasto que se vinha fazendo com políticas sociais. Logo, para acabar com a crise, era preciso reduzir o investimento na proteção social no Brasil. Nesse contexto, a educação era apresentada no discurso oficial como uma política com gasto alto e nível de eficiência baixo.

Em termos práticos, a reforma avançou no campo educacional em relação a lógicas privatizantes, como possibilidade de se ter Organizações da Sociedade Civil Organizada (OSCs) ofertando educação básica.

Ganhou força, assim, a partir dos anos 1990, a ideia de que caberia ao Estado subsidiar financeiramente a educação, mas não necessariamente ofertá-la, de modo direto, via escolas públicas.

Passou-se a assistir à expansão das OSCs, no encaminhamento de oferta educacional, que, historicamente, esteve presente no âmbito da creche, a primeira etapa da educação infantil.

A partir do fim da primeira década do século XXI, o envolvimento de OSCs na educação expande-se, voltando-se não apenas à oferta de vagas em creches, mas também no ensino fundamental e no médio, além da própria gestão educacional.

Iniciativas dessa natureza continuam a se multiplicar pelo país, criando uma ecologia de formatos que atuam, sozinhos ou de modo compartilhado, com o Estado na oferta e gestão educacional, em estados e municípios.

A interação de fatores educacionais, políticos e legais possivelmente condicionaram a expansão desse fenômeno que é a multiplicação de atores do terceiro setor atuando no campo.

Discutir a qualidade da oferta e da gestão educacional produzida por essas instituições, ou mesmo sua ancoragem democrática, não compõe os objetivos que norteiam este livro. Mas é importante sublinhar que todos esses aspectos sugerem um reordenamento na expressão do Estado na educação, historicamente marcada pela predominância de equipamentos públicos e gestão estatal.

Além disso, foram incorporados à gestão da educação básica, principalmente, a partir dos anos de 2000, instrumentos voltados à gestão para resultados. Esse pacote incluía a criação de um conjunto de metas para cada escola, articulado a estruturas de incentivos e sanções, com algumas formas de responsabilização.

A partir de 2007, com a criação do Indicador de Desenvolvimento da Educação Básica (Ideb), cada escola brasileira passa a ter uma meta de Ideb a cumprir, que, por sua vez, pode estar vinculada a premiação de escolas ou professores, em dinheiro, como um 14º salário ou mesmo viagens, a depender da definição de cada rede de ensino.

Um grande problema é que as metas propostas não necessariamente refletem as condições de oferta educacional. Ou seja, não se observam o nível socioeconômico de estudantes, as condições de infraestrutura das escolas ou a qualidade da formação dos profissionais da educação. Ou seja, a apreciação do alcance ou não das metas se dá desarticulado das condições concretas das escolas e das redes de ensino.

Nesse sentido, reconhecemos na contemporaneidade brasileira novas formas de solidariedade social no campo da educação. Não nos parece trivial essa alteração, uma vez que estamos tratando de uma lógica que permite indagar inclusive a premissa constitucional de precedência do Estado na oferta da educação, conforme disciplina o art. 205, da Constituição, na medida em que se inserem entidades da sociedade civil organizada na oferta do direito.

O direito
à educação no Brasil

As políticas educacionais, como ação do Estado em prol do acesso a bens sociais, entre os quais se abriga o direito à educação, deve ter um fundamento sólido na legislação. E o maior fundamento é a Constituição como Lei Maior que dá sustentação segura e estável ao direito à educação.

A Constituição da República do Brasil de 1988 inicia o capítulo da educação com um artigo no qual se afirma ser o objetivo da educação "o pleno desenvolvimento da pessoa".

O desenvolvimento, apontado no art. 5º, é um processo constante e cumulativo de atributos que devem caracterizar a educação. E para alcançá-la, a educação é definida como "direito do cidadão e dever do Estado". E esse "desenvolvimento da pessoa" não poderia se realizar *plenamente* sem que houvesse várias mediações, entre as quais a gratuidade, a obrigatoriedade, o financiamento, o planejamento e a valorização dos docentes.

É por meio delas que se busca alcançar as finalidades da instituição escolar: a ampliação da capacidade cognitiva do ser humano e a incorporação de valores ligados à cidadania e aos direitos humanos, entre os quais o respeito à igualdade e à diversidade.

Não é sem motivo que a educação, no art. 6º de nossa Constituição, aparece como o primeiro dos direitos sociais, sendo também apontada como direito político e como um direito civil, próprio da singularidade do sujeito. Desse modo, *todos e todas* são titulares desse direito e, por isso, ele aparece na Constituição como um direito juridicamente protegido, expresso como direito público subjetivo.

O direito público subjetivo implica uma vinculação substantiva e jurídica entre seu titular e o sujeito do dever. Na prática, isso significa que o titular de um direito público subjetivo tem assegurado a defesa, a proteção e a efetivação imediata quando esse direito não lhe for assegurado.

As políticas públicas decorrem, então, desse direito de base. Assim, qualquer criança, adolescente, jovem ou adulto que não tenha entrado no ensino obrigatório pode exigi-lo perante as autoridades. Caso elas não satisfaçam tal exigência, cabe aos estudantes, titulares desse direito, exigi-lo perante uma autoridade judicial competente. E essa autoridade, um juiz, por exemplo, deve deferir imediatamente, obrigando as autoridades constituídas a cumpri-la sem mais demora. O não cumprimento por parte das autoridades implica "responsabilidade da autoridade competente" (art. 208, § 2º).

Decorre daí que as políticas educacionais têm a obrigação de satisfazer o direito à educação, que tem como foco o aluno-cidadão. Como dizem as Diretrizes e Bases da Educação Nacional, Lei nº 9.394/96, no art. 22: "a educação básica tem por finalidades desenvolver o educando, assegurando-lhe a formação comum indispensável para o exercício da cidadania e fornecer-lhe meios para progredir no trabalho e em estudos posteriores".

E a educação escolar só é como tal porque há aluno, e dele decorre a existência necessária do professor como outro mediador do processo de constituição de conhecimentos sólidos e valores próprios da convivência coletiva.

É em torno desse direito, reconhecido por todos os países, que se deu o nascimento e a constituição da escola pública. Ela nasceu sob o pressuposto de garantia do direito à educação como valor indispensável à constituição da cidadania. É desse direito, componente da cidadania e dos direitos humanos, que adveio o dever do Estado de propiciar as condições para que, pelo exercício mediador do docente, se cumpra o dever de constituir conhecimentos e valores.

Esse nascimento teve como momento histórico de afirmação do sujeito, titular de direitos, os ideais libertários e igualitários da Revolução Francesa de 1789. Tais ideais romperam com a ideia de que o conhecimento estaria reservado para alguns privilegiados, enquanto a exclusão seria destinada a muitos.

O acesso ao conhecimento e a consciência de valores da convivência, então, passaram a ser fundamentais para que deixasse de existir o súdito, muitas vezes ignorante, e em seu lugar se erigisse o cidadão, livre, igual e consciente perante os outros.

A escola, como instituição, passou a ser o lugar do domínio do letramento, indispensável para ler e assinar documentos e, mais do que isso, para ler o mundo que cerca o indivíduo. Sem o domínio desses instrumentos e dos valores, o sujeito correria o risco de um retorno à dominação da ignorância e da tirania. Para que tal não ocorresse, a escola pública comum deveria se universalizar para todos, homens e mulheres, mediante políticas consistentes.

A instrução retiraria a trava da ignorância, permitiria o gozo das liberdades, a tomada de consciência de si e do outro em vista de um prosseguimento de estudos, da inserção no mundo do trabalho e nas prerrogativas de participação política, próprias da cidadania.

Mas o direito à educação se liga intrinsecamente à função pública do Estado. Só ele pode estender universalmente a escola para todos e assim atender ao conjunto dos cidadãos com imparcialidade de modo a fazer cumprir os grandes objetivos da democracia e da justiça.

Daí as obrigações do Estado quanto à oferta qualificada, ao financiamento e à qualificação desse direito. Só ele pode propiciar condições que equalizem novas oportunidades para todos os grupos sociais cobrindo, assim, e principalmente, os segmentos pertencentes às classes populares.

Ora, a fruição de um direito que pertence a um sujeito é regida pelo princípio do dever de oferta pela outra parte, que, no caso, é o Estado. Em outros termos, a satisfação de tal direito importa na existência de um sujeito responsável pela obrigação (dever) do seu cumprimento. Nossa Constituição nomeia o Estado, enquanto poder público, como o sujeito maior do *dever* dessa prestação social como o objeto do direito. E esse dever e essa obrigação devem se traduzir nas políticas públicas.

Hoje, praticamente, não há país no mundo que não garanta, em seus textos legais, o direito de acesso, permanência e sucesso de seus cidadãos à educação escolar básica. E as formas de proteção desse direito são variáveis de país a país, dado que a maior parte deles assumiu compromissos no âmbito da Organização das Nações Unidas em torno de declarações, tratados e convenções de caráter internacional. Tal é o caso do art. XXVI da Declaração Universal dos Direitos do Homem de 1948.

Do mesmo assunto se ocupa a Convenção Relativa à Luta contra a Discriminação no Campo do Ensino de 1960 e o art. 13 do Pacto Internacional dos Direitos Econômicos, Sociais e Culturais de 1966. Mais recentemente temos a Declaração de Jomtien, que abrange os países mais populosos do mundo, reforçando a importância do ensino obrigatório nesses países.

Assumir e ser signatário de tais declarações é mais do que uma proclamação solene. Quem declara algo busca trazer à lembrança dos sujeitos de que eles são titulares desse direito. Quem declara algo também proclama aos que não sabem que são portadores desse direito anunciado.

Declarar e assegurar, sob esse enfoque, resultam, por outro lado, na necessária cobrança por quem tem esse direito das responsabilidades, em especial quando ele não é respeitado. Por isso, é importante conhecer para cobrar.

EDUCAÇÃO E DIREITO NO BRASIL: HISTÓRICO

Se tomarmos a acepção de *educação* no seu sentido determinado de educação escolar, então, pode-se afirmar que sua oferta institucional, organizada e sistemática, no Brasil, foi tardia. Quando se diz tardia quer se dizer que algo floresceu depois de um tempo considerado como apropriado para tal e que se moveu de uma maneira mais lenta do que devia. Nesse sentido, está sendo pressuposto que, em algum lugar, isso se deu de modo oportuno e dentro de um ritmo adequado.

O Brasil teve uma trajetória peculiar no que se refere à relação entre educação e direito à educação. Nem sempre a realidade correspondeu aos avanços obtidos nos textos do ordenamento jurídico. A dívida para com a população escolarizável já foi muito maior, inclusive no que se refere ao acesso. A realidade de nossa cidadania educacional esteve muito distante do que se poderia esperar de um país que se queria civilizado. E ainda hoje, apesar dos muitos avanços obtidos, especialmente no acesso à escola, muito há o que se fazer com o desafio da qualidade. Muito dos atuais desafios tem atrás de si um passado de exclusão, omissão, desleixo e de abandono.

O Brasil foi colonizado por uma potência ibérica, Portugal, cujo contexto de metrópole articulado a um catolicismo conservador determinou um modo autoritário e excludente de se relacionar com as populações nativas e com outras que aqui chegaram. Assim, os indígenas eram considerados "bárbaros" e os africanos, trazidos à força, tornaram-se uma "propriedade do outro". Para esses contingentes humanos, a educação escolar não foi objeto de cogitação especial. Para eles, segundo essa concepção excludente e discriminatória, bastava a doutrinação ou a catequese. Esses grupos deveriam ser ouvintes, escutando docilmente a palavra dos outros. Desse modo, o ler e o escrever eram considerados dispensáveis para quem não era visto senão como força de trabalho. Bastava a oralidade.

Outro tipo de situação ocorreu em países em que houve a Reforma Protestante, como na Alemanha, Holanda e parte da França, entre outros. Lá, o ler e o escrever se tornaram indispensáveis para a leitura das Escrituras, resultando grande ênfase na pessoa letrada. Como consequência, houve a abertura de escolas, inclusive com obrigatoriedade de frequência.

A Independência do país, em 1822, trouxe a expectativa de mudanças. De fato, a Constituição de 1824 incluiu a *instrução primária e gratuita a todos os cidadãos* (art. 179, XXXII) no Título das *Disposições Gerais e Garantias dos Direitos Civis e Políticos dos Cidadãos Brasileiros.* Portanto, a instrução primária foi considerada um direito civil e político da nova nação. Contudo, a cidadania incluía apenas os nascidos livres, os naturalizados e os libertos. Com isso, o acesso à instrução primária pública era negado aos escravizados e índios e, por outras razões, aos livres não proprietários como os caboclos.

À época da Independência, por exclusão socioétnica, 40% dos habitantes não tinham acesso à educação porque não eram considerados cidadãos. Se a isso ajuntarmos as mulheres, que pela concepção organicista da época eram consideradas dependentes do pai ou do marido, então o universo dos não cidadãos ou cidadãos imperfeitos sobe consideravelmente. Além disso, importa acrescentar que, à época, o direito de voto era privativo do sexo masculino e se regia pelo voto censitário, ou seja, determinado pela renda auferida pelo considerado cidadão.

Mesmo a nossa primeira lei geral da educação, de 15 de outubro de 1827, assinada pelo imperador Pedro I, regulando a instrução primária, abrangia apenas as vilas e lugares mais populosos. Para as elites, o caráter limitado da educação se justificava também pelo fato de o país ter enormes dimensões, ser despovoado e com distâncias enormes sem comunicações por estradas.

Em 1834, o Brasil Imperial conhecerá uma mudança altamente significativa para o que se poderia chamar, à época, de política educacional. O Ato Adicional (Lei nº 16, de 12/08/1834), a rigor uma emenda constitucional, reconhece certa autonomia das províncias e uma divisão de recursos fiscais, advindos dos impostos.

E conforme o § 2º do art. 10 desse Ato, houve a adoção de uma descentralização do ensino primário ao atribuir às províncias competência legislativa "sobre a instrução pública e estabelecimentos próprios a promovê-la".

Iniciava-se, em nosso país, ainda imperial e centralizado, uma descentralização na educação. Com ela, se estabeleceu uma duplicidade de redes de ensino. O ensino superior, voltado para as elites, continuava competência dos poderes centrais (hoje nós diríamos, já na República, atribuição da União) dotados de impostos robustos. Já a instrução primária foi confiada às províncias com impostos de menor valor, resultando daí uma oferta dispersa e muito pouco abrangente.

O contexto de nosso sistema de educação escolar o fazia subordinado a um sistema sociopolítico oligárquico e elitista, o que fez com que os grupos dominantes se utilizassem da faculdade de dar instrução e educação para seus filhos ou em internatos ou no âmbito doméstico.

A República, proclamada em 1889, foi, de novo, um tempo de expectativas promissoras. Adotando um regime descentralizado, será composta de um regime federativo no qual a dualidade União/Estados fica estabelecida. Tornados membros federativos, os estados poderiam exercer sua autonomia legislativa dentro de uma sempre assinalada assimetria de condições econômicas, militares e políticas.

A Constituição de 1891 manteve um federalismo educacional quase nos mesmos termos do Ato Adicional e, ainda por cima, deixou a cargo da autonomia dos estados declarar ou não a gratuidade (que não aparece na Constituição Federal de 1891) e a obrigatoriedade do ensino primário. Os estados teriam autonomia para, dentro de seus territórios, financiar com seus recursos essa etapa da educação escolar. Legalmente, os Estados podiam criar instituições de ensino secundário e superior, de escolas normais, dentro dos seus espaços territoriais.

O único ponto em que a União interveio foi na questão da laicidade do ensino. A Constituição de 1891 determinava, claramente, no § 6º do art. 72 que "será leigo o ensino ministrado nos estabelecimentos públicos". E a retirada do ensino religioso dos currículos das escolas públicas foi um dos principais terrenos de conflitos envolvendo a relação entre Igreja Católica e Estado.

Entre 1925-26, houve uma Revisão Constitucional na qual se outorgou maiores poderes à União à vista dos movimentos sociais e das relações de trabalho. No campo da educação, houve propostas no sentido do restabelecimento da gratuidade e do estabelecimento da obrigatoriedade do ensino primário em nível nacional. Na mesma ocasião, a bancada católica buscou restabelecer o ensino religioso (facultativo) nos estabelecimentos oficiais de ensino primário, como regra nacional. Nenhum desses projetos foi aprovado.

Em 1930, uma revolução pôs fim ao regime de 1891. A União passou a concentrar mais poderes dando início a um federalismo mais centralizado e interventor. E, após uma breve revolução civil, o governo provisório encaminhou a proposta de uma Assembleia Constituinte. Foi nesse momento que houve uma enorme pressão no sentido de dotar o país de regras nacionais para a educação e que elas fossem postas na Constituição.

Assim, a Constituição de 1934 trouxe grandes avanços como a gratuidade e a obrigatoriedade do ensino primário, em nível nacional, o plano nacional de educação e a institucionalização dos conselhos de educação. E para que essas medidas se tornassem efetivas, adotou-se a obrigatoriedade de destinar um percentual dos impostos para a educação, percentuais diferentes para a União, estados e municípios. Tal determinação sempre vigorou quando o país usufruiu de regimes democráticos e a perdeu toda vez que esteve sob regimes autoritários, como em 1937 e em 1964.

Desse modo, com o golpe de Estado de 1937 e sua Constituição outorgada, o Estado (ditatorial) passou, oficialmente, a ter um papel secundário com relação à educação e foi atribuído um papel proeminente à família e ao ensino privado, mesmo declarando o ensino primário gratuito e obrigatório. Cumpre citar dois artigos dessa Constituição:

> Art. 125 – A educação integral da prole é o primeiro dever e direito natural dos pais. O Estado não será estranho a esse dever, colaborando, de maneira principal ou subsidiária, para facilitar sua execução ou suprir as deficiências e lacunas da educação particular.
>
> [...]
>
> Art. 129 – À infância e à juventude, a que faltarem os recursos necessários à educação em instituições particulares, é dever da Nação, dos Estados e dos Municípios assegurar pela fundação de instituições públicas de ensino em todos os seus graus, a possibilidade de receber uma educação adequada às suas faculdades, aptidões e tendências vocacionais.

Nesse período foram outorgadas várias leis orgânicas referentes ao ensino secundário, ao ensino normal (formação de mestres para o ensino primário) e ao ensino profissional. A lei orgânica do ensino primário só veio à luz na transição entre um regime e outro. Importante destacar que a expressão *direito à educação* não aparece, nesse período, nos documentos oficiais.

Com a deposição da ditadura do Estado Novo, em 1945, os princípios da educação postos na Constituição de 1934 retornaram ao texto da Constituição de 1946 e, com ela, o retorno do princípio *direito à educação*. E o ensino primário continuou a ser gratuito e obrigatório. Importa registrar que, desde o Império, o ensino posterior ao ensino primário não era gratuito em nível nacional. As Constituições estaduais poderiam determinar a gratuidade do ensino secundário e do ensino superior. Entretanto, havia uma espécie de "porta fechada" para o prosseguimento de estudos. É que para "abrir a porta", o estudante deveria passar por um "exame de admissão" que incluía prova escrita e prova oral. Mesmo se aprovado, ainda dependia do número de vagas existente na escola pleiteada.

Entre 1946 e 1961, o que tomou conta de tudo foi a elaboração das Diretrizes e Bases da Educação Nacional sob a forma de lei. No início dos debates, o foco era centralização *versus* descentralização (ou seja, o regime federativo). Contudo, entre 1959 e 1961, o debate ficou mais caloroso já que o foco foi ensino público *versus* ensino privado. Finalmente, já sob o regime parlamentarista, veio à luz a Lei nº 4.024/61, que confirmou a gratuidade, a obrigatoriedade, a vinculação orçamentária e o plano nacional de educação, como princípios do direito à educação. E contemplou várias demandas do ensino privado como possibilidade de transferência de recursos públicos e o ensino religioso nas escolas oficiais. Desse modo, a organização da educação nacional continuava a se desenhar por um federalismo bastante dependente dos setores ligados à economia e à divisão dos impostos.

Entretanto, poucos anos depois sobreveio o golpe de 1964 e a instauração do regime militar com cerceamento da democracia e todas as suas sequelas.

A Constituição de 1967 ampliou a educação obrigatória para oito anos, mas, ao mesmo tempo, retirou a vinculação obrigatória do percentual dos impostos para a educação. Tal vínculo passou a existir em 1969 e só para os municípios. Isso determinou uma expressiva queda dos recursos para a educação, um arrocho nos salários dos professores, uma censura nos currículos e o índice de evasão e repetência subiu atingindo especialmente as populações urbanas das periferias. E a lei que estabelecia um regime do ensino secundário (agora denominado de ensino de segundo grau) profissionalizante, compulsório e universal para a faixa de 15 a 17 anos foi um fracasso. Na verdade, a lei visava a uma formação tecnicista para o mercado de trabalho, abandonando a ideia de que esses jovens se imbuíssem de uma consciência crítica.

A luta pela redemocratização do país encontrou no corpo docente um ator vigoroso que se uniu a muitos outros sujeitos coletivos, como os movimentos sociais ligados à diversidade e a um aumento da renda. Essa luta desembocou na Constituinte de 1987-1988, a qual contou com uma inédita participação da sociedade civil. No fundo, além da garantia dos direitos civis e políticos, o grande anseio era pelos direitos sociais. E eles foram listados no art. 6º da Constituição, sendo a educação o primeiro deles.

Esse avanço se deu porque os que por ele lutaram se viram diante de uma dramática situação real reveladora de estruturas e realidades inaceitáveis, denunciadas pelos mais consistentes trabalhos que confirmam os frios e cortantes números das estatísticas do Inep, IBGE, do Ipea, das Secretarias de Educação, de órgãos internacionais e de algumas organizações não governamentais da sociedade civil.

A Constituição da República de 1988 reconheceu o direito à educação como o primeiro dos direitos sociais (art. 6º) e como um direito do cidadão e dever do Estado (art. 205). E, por essa razão, estabeleceu princípios, diretrizes, regras, recursos vinculados e planos de modo a dar substância a esse direito. Ao explicitar esse direito, elencou formas de realizá-lo tais como gratuidade e obrigatoriedade com qualidade e com proteção legal, ampliada com instrumentos jurídicos postos à disposição dos cidadãos. Ela cria, assim, prerrogativas próprias para as pessoas em virtude das quais elas passam a usufruir de ou exigir algo que lhes pertence como tal.

Nesse momento de ruptura com essas estruturas arcaicas, a Constituição impôs novos contornos organizacionais em vista de uma educação democrática própria da cidadania.

Mas para fazê-la direito de todos era imprescindível que houvesse algo de *comum* ou universal como expressão da educação *básica*. O *status quo* da escola existente até então não atendia à exigência de elevação quantitativa e qualitativa de novos padrões de uma educação escolar pela qual se cooperasse, de modo organizado e sistemático, na criação de uma "vontade geral democrática" até então inexistente no país.

Esse espírito foi traduzido pelo conceito de *educação básica*, conceito novo expresso em uma declaração de *direito* de todos a ser realizado em uma educação escolar que contivesse elementos *comuns*. De um lado, o combate à desigualdade, à discriminação e à intolerância, de outro lado, o apontamento das finalidades maiores da educação escolar, inclusive pelo princípio da *gestão democrática*.

A noção de *comum* associada à *educação básica* é um direito e busca possibilitar a todos um aprendizado de saberes válidos para toda e qualquer pessoa e responde a necessidades educativas do desenvolvimento humano como um patrimônio cultural. O *comum* reporta-se a conhecimentos científicos válidos como um patrimônio da humanidade, à igualdade, à democracia, à cidadania e aos direitos humanos.

Mas o conceito de educação básica que já havia inscrito a igualdade como princípio de ação, também incorporou a si, na legislação, a diversidade enquanto direito. O reconhecimento da diversidade na escola supõe e é factível com a igualdade. Em outras palavras: para garantirmos a igualdade na educação, é preciso que os grupos considerados diversos, que compõem a diversidade, sejam efetivamente incluídos. Ou seja, somente podemos falar em igualdade se garantirmos na educação regular a diversidade, expressa no direito à educação escolar quilombola, indígena, educação de jovens e adultos, educação especial inclusiva e a educação do campo.

Assim sendo, a igualdade cruza com a equidade, quando há a formalização legal da abertura e da consideração de determinados grupos sociais como as pessoas deficientes, os jovens e os adultos que não tiveram oportunidade de se escolarizar na idade própria, os descendentes dos cativos e os povos indígenas. Cabe à instituição escolar desconstruir estereótipos, preconceitos e discriminações contra os grupos citados, tanto pelo seu papel socializador quanto pelo seu papel de transmissão de conhecimentos científicos, verazes e significativos para todos.

O Brasil, por exemplo, reconhece o ensino fundamental como um direito juridicamente protegido desde 1934. E passou a reconhecê-lo como direito público subjetivo desde 1988.

A Constituição Federal, inicialmente, só reconheceu o ensino fundamental como direito público subjetivo. A partir de 2009, pela emenda 59, excetuada a creche (primeira etapa da educação infantil), todas as outras etapas da educação básica se tornaram igualmente parte desse direito.

Desse modo, essas etapas da educação básica, consideradas suas modalidades, tornaram-se obrigatórias para as pessoas de 4 a 17 anos, gratuitas para todos e, quem não tiver tido acesso a alguma etapa da escolaridade, na inexistência de vaga disponível, pode recorrer à justiça e exigir sua vaga. É o caso da educação de jovens e adultos. Desse modo, uma coisa é a obrigatoriedade nas faixas etárias assinaladas, outra coisa é o direito público subjetivo que envolve o *direito de todos*. Desse modo, jovens e adultos que não tiveram a oportunidade da escolaridade ou não a cursaram no todo (excetuada a educação infantil) são titulares desse direito, podendo acioná-lo, exigi-lo ou não. Mas é obrigação do poder público fazer-lhes a chamada para, se quiserem, se matricular.

Tal é a marca na proteção trazida pelo fato de ser direito público subjetivo. O direito público subjetivo está amparado tanto pelo princípio que ele o é quanto por seu caráter de base e por sua orientação finalística expressa no art. 205 da Constituição Federal.

A não efetivação desse direito implica uma sanção explícita para os responsáveis (governantes ou pais) quando de sua negação ou omissão para o indivíduo – cidadão. Para os anos obrigatórios, não há discriminação de idade, exceto para os jovens e adultos que continuam titulares do direito a partir do ensino fundamental. Qualquer jovem, adulto ou idoso tem esse direito e pode exigi-lo a qualquer momento perante as autoridades competentes. Eis por que ao lado da exigibilidade, especialmente quando da omissão do poder público, o Judiciário passou a ter importante papel na efetivação desse direito.

A organização da educação nacional

A organização da educação nacional atual foi estabelecida na Constituição de 1988 e traz como marcas fundamentais a educação como direito do cidadão e dever do Estado e a colaboração federativa, própria de um autêntico federalismo. A Constituição traz princípios e diretrizes para a educação, além de algumas normas. E a tradução do espírito e da letra da Constituição se deu com a Lei nº 9394/1996, a das Diretrizes e Bases da Educação Nacional (LDB).

Por meio dessa lei, consoante o seu art. 21 do título V, a educação *nacional* se divide em *dois níveis escolares:* educação básica e educação superior. Cada um desses níveis é constituído de *etapas.* Neste capítulo trataremos, especialmente, da educação básica. Ao final, há uma referência à educação superior.

Mas antes é preciso fazer algumas distinções. Quando se fala em educação básica, fala-se em educação *escolar* básica. E por quê? Porque a LDB, logo no seu artigo 1º, assim se expressa:

> Art. 1º. A educação abrange os processos formativos que se desenvolvem na vida familiar, na convivência humana, no trabalho, nas instituições de ensino e pesquisa, nos movimentos sociais da sociedade civil e nas manifestações culturais.

Note-se que aqui temos uma definição *ampla* de educação que, mesmo incluindo *as instituições de ensino e de pesquisa,* vai muito além destes. Temos, pois, *processos formativos* que não estão necessariamente sob a LDB. É o caso do que se convencionou denominar de *educação livre.* Uma instituição que ofereça língua estrangeira e só língua estrangeira (sem articulação com os sistemas de ensino escolar) oferece um processo formativo, mas que não está sob a regra da lei da educação. O mesmo se pode dizer de uma instituição que ofereça cursos *livres* de gastronomia ou de digitação.

Além desse artigo 1º, a LDB tem um parágrafo importante para essa distinção que diz o seguinte: "§ 1º. Esta lei disciplina a educação escolar, que se desenvolve, predominantemente, por meio do ensino, em instituições próprias".

Daquela definição ampla do art. 1º, esse parágrafo faz um recorte voltado para a *educação escolar*, para *o ensino,* para *instituições próprias* de ensino, ou seja, instituições escolares. É dessas instituições que a lei diz haver dois níveis.

Mas e o advérbio *predominantemente*? É preciso antecipar aqui a possibilidade da *educação de jovens e adultos (EJA).* Jovens e adultos que, passando da faixa obrigatória sem a presença na escola, podem se preparar para *exames supletivos,* seja por autodidatismo, seja por meio de *sites* da rede mundial de computadores (internet), seja pelo rádio ou pela televisão. Entenda-se que o contrário do *predominante* é o *recessivo,* ou seja, aquela porção da educação que não é prevalecente.

A lei espera que a educação de jovens e adultos abranja cada vez menos essas pessoas para a escolaridade. Por quê? Porque se espera que todas as crianças e todos e todas os(as) adolescentes possam concluir, com êxito e qualidade as etapas da educação básica, na idade apropriada. O que se espera é que a educação de jovens e adultos (EJA) venha a ser algo que o cidadão ou a cidadã possa realizar, nela, algum talento que não tenha encontrado oportunidade. Ou seja, tendo concluído a educação escolar, que a EJA possa se abrir para a educação permanente, aberta para cursos de atualização ou de aperfeiçoamento, como, por exemplo, no âmbito das artes. O município pode (e deve) oferecer cursos de EJA para o ensino fundamental. E o Estado também pode oferecê-lo como atribuição concorrente com os municípios. Os exames supletivos do ensino fundamental só podem ser realizados por jovens e adultos de 15 anos ou mais. Cabe ao Estado oferecer cursos de EJA para o ensino médio. Os exames supletivos do ensino médio só podem ser ofertados para pessoas com 18 anos ou mais. Fica claro que não cabe a jovens e adultos a oferta da educação infantil.

Ora, mais acima se disse que as instituições escolares, por fornecerem um certificado oficial de conclusão de uma etapa da educação básica, devem estar sob a regra da lei. Pois bem, o termo *regra*, em latim, se diz *regula, regulae.* Por isso, essa "educação escolar que se desenvolve, predominantemente, por meio do ensino, em instituições próprias" é denominada de *educação regular,* isto é, ela está sob a Lei de Diretrizes e Bases da Educação Nacional. Nesse sentido, a educação de jovens e adultos e a educação das pessoas com deficiência, dada nas instituições escolares, são absolutamente regulares.

Bem, acabamos de falar em *etapas da educação básica.* De fato, a educação básica é um conceito amplo que abrange três etapas consecutivas que, no seu conjunto, perfazem um todo: o de ser básica. São elas: a *educação infantil*, que se compõe, por sua vez, de duas faixas etárias, creche (0 a 3 anos) e da pré-escola (4 a 5 anos). A segunda faixa etária da educação infantil é obrigatória. A etapa da educação infantil se vê seguida do *ensino fundamental*, que é obrigatório. Esta etapa costuma ser dividida em duas faixas etárias, embora a etapa seja um todo. A primeira, comumente denominada de *anos iniciais* (6 a 10 anos) e a segunda de *anos finais* (11 a 14 anos). Esta etapa, uma vez concluída e certificada, abre as portas para o *ensino médio* (15 a 17 anos). Este, por sua vez, permite prosseguimento de estudos, seja para a educação profissional técnica de nível médio, seja para o ensino superior.

E quem pode oferecer a educação básica?

Atente-se para a educação escolar como *direito do cidadão e da cidadã*, conforme o art. 205 da Constituição de 1988, cuja satisfação é *dever do*

Estado. Portanto, cabe aos poderes públicos a oferta da educação básica. Isso será mais esclarecido um pouco adiante.

Também a iniciativa privada pode oferecer tanto a educação básica quanto a educação superior. Essa oferta, conforme o art. 209 da Constituição e art. 7º da LDB, pode ser efetivada ao lado do poder público, desde que ela preencha algumas condições, tais como cumprimento das normas gerais da educação nacional, autorização e avaliação de qualidade pelo poder público e capacidade de autofinanciamento.

Aqui importa saber que quem dá a autorização de funcionamento são os Conselhos de Educação. Mas isso depende de outro ponto: a qual sistema de educação pública a iniciativa privada está vinculada.

E quais são esses sistemas públicos? Ainda está em discussão no Congresso Nacional a aprovação do Sistema Nacional de Educação. Ele foi estabelecido pela Emenda Constitucional nº 59/2009 e seria uma espécie de sistema dos sistemas. Seria um sistema (nacional) coordenado pela União em consonância com os sistemas estaduais, municipais e distrital. Coordenar é ordenar com. Trata-se, pois, de uma coordenação conjunta. Mas quais sistemas?

O Sistema Federal de Educação, sob responsabilidade do governo federal, se ocupa das universidades federais, dos institutos federais. Junto a essas instituições, estão presentes também escolas de ensino fundamental e médio. No caso dos institutos federais, o ensino médio, aí ofertado, se articula com a educação profissional de nível médio e de nível profissional tecnológica. Ou seja, salvo essas poucas escolas, entre as quais, por tradição desde o Império, se inclui o Colégio Pedro II no Rio de Janeiro, o Sistema Federal não tem maiores atribuições com a educação básica.

E, como se verá, cabe à União a coordenação desses sistemas, respeitando suas autonomias e exercendo a função supletiva, redistributiva e a assistência técnica. Importa ainda dizer que o Sistema Federal é quem autoriza e supervisiona e avalia todas as instituições privadas de ensino superior. Nessa função, o Ministério da Educação (MEC) conta com a colaboração do Conselho Nacional de Educação (CNE), cuja composição é de uma Câmara da Educação Básica (CEB), uma Câmara de Educação Superior (CES) e o Conselho Pleno (CP).

O Sistema Estadual de Educação tem como atribuição específica, na educação básica, o ensino médio. E ele também pode atuar no ensino fundamental e na educação infantil. Portanto, trata-se de uma competência (atribuição) *concorrente* com os municípios. No âmbito da educação superior, ele tem responsabilidade sobre as instituições de ensino superior *públicas* de seu território. Os Sistemas Estaduais contam, para a normatização das leis de educação, com os Conselhos Estaduais de Educação.

O Sistema Municipal de Educação tem como atribuição a educação infantil e o ensino fundamental. Logo se vê que a educação infantil e o ensino fundamental podem ser divididos entre os municípios e os estados. Os sistemas municipais podem contar, para a normatização das leis de educação, com os Conselhos Estaduais de Educação. Caso o município não se estabeleça como sistema, ele fica vinculado, no âmbito da normatização, ao Conselho Estadual de Educação.

O Sistema Distrital de Educação, sistema do Distrito Federal, tem atribuições similares às dos estados. O Sistema Distrital conta, para a normatização das leis de educação, com o Conselho Distrital de Educação.

O termo *atribuição* tem um sinônimo, utilizado no Direito, que é *competência*. Trata-se, pois, de uma qualidade jurídica própria de uma autoridade pública, dentro de um território, no interior do qual ela atua como sua. Mas, como se viu, a educação infantil e o ensino fundamental são uma competência concorrente entre estados e municípios, com prioridade para esses últimos. Importa aqui trazer o art. 10, inciso II, da LDB:

> Os Estados incumbir-se-ão de:
>
> [...]
>
> II – Definir, com os Municípios, formas de colaboração na oferta do ensino fundamental, as quais devem assegurar a distribuição proporcional das responsabilidades, de acordo com a população a ser atendida e os recursos financeiros disponíveis em cada uma dessas esferas do Poder Público.

Por sua vez, o art. 11, inciso V da mesma Lei dispõe:

> Os Municípios incumbir-se-ão de:

[...]

V – Oferecer a educação infantil em creches e pré-escolas e, com prioridade, o ensino fundamental, permitida a atuação em outros níveis de ensino somente quando estiverem atendidas plenamente as necessidades de sua área de competência e com recursos acima dos percentuais mínimos vinculados pela Constituição à manutenção e desenvolvimento do ensino.

Contudo, faz-se necessário trazer o art. 30, inciso VI, da Constituição:

Compete aos Municípios:

[...]

VI – Manter, com a cooperação técnica e financeira da União e dos Estados, programas de educação infantil e do ensino fundamental.

Para um apoio direto na legislação, pode-se ler os arts. 10, 11, 16, 17, 18 e 19 da LDB. Este último, como citado, trata do *ensino privado*. A Constituição Federal distinguiu nesse ensino aquelas instituições *com* fins lucrativos e aquelas *sem* fins lucrativos. Isso pode ser lido no art. 20 da LDB.

As com fins lucrativos, como o próprio termo o diz, podem auferir lucro. Mas atenção: mesmo com lucro, elas prestam um serviço que é um bem público e estão subordinadas às leis da educação. Já as sem fins lucrativos se dividem em *confessionais,* quando oferecem, além do que é prescrito para toda e qualquer instituição escolar, uma *diferença de caráter religioso*; em *comunitárias*, cuja diferença é a de serem mantidas por grupos de pessoas físicas ou jurídicas, mesmo sob a forma de cooperativas; e em *filantrópicas*, cuja diferença tem que ser estabelecida em lei, como é o caso da Lei nº 8.742/1993, que trata da assistência social.

Entretanto, como contrapartida do *sem fins lucrativos*, de um lado, tais instituições só podem reaplicar eventuais diferenças de caixa na melhoria das condições internas do ambiente, das salas de aula e da remuneração dos docentes; por outro lado, elas ficam, segundo o art. 150, VI, isentas de todos os impostos, já que, legalmente, elas prestam um serviço que seria oferecido pelo Estado.

Esse conjunto estrutural da educação, expressão do direito à educação, que deve ser convertido em políticas da educação, tem uma base material, expressa no *financiamento da educação*, e que será tratada em um capítulo próprio.

Dentro desse conjunto, tanto o espírito da Constituição quanto a letra da LDB deram um passo além ao reconhecer que, junto com o direito à educação, direito de igualdade para todos e para todas, deveria haver o direito à diversidade. Esse último reconhecimento foi tipificado sob o conceito de *modalidade*. Desse modo, reconheceu-se uma diferença específica para a educação do campo. Outra modalidade voltou-se para a educação de jovens e de adultos. Os jovens e adultos, mesmo não sendo obrigados, continuam tendo direito à educação no âmbito do ensino fundamental e do ensino médio. Se o direito não for satisfeito, eles podem entrar na justiça. As pessoas com deficiência, por muito tempo vítimas de uma segregação, devem ter sua vaga nas salas comuns das escolas comuns, com o devido apoio do atendimento educacional especializado. Fazem jus a livros escritos em Braille, a tradutores e intérpretes de Libras e acessibilidade aos espaços. Mercê da Lei nº 10.639/2003 e da Lei nº 11.645/2008, respeitando ditames constitucionais, os coletivos de afrodescendentes e os das comunidades indígenas deverão contar, nos conteúdos da Base Nacional Curricular, com a valorização de suas respectivas culturas. O mesmo se diz da Lei nº 13.146 de 2015, a chamada Lei Brasileira de Inclusão, valorizando e tutelando essa diferença. Todas essas modalidades tiveram, da parte da Câmara de Educação Básica do Conselho Nacional de Educação, diretrizes curriculares nacionais. Cabe aos sistemas estaduais e municipais, no âmbito de sua autonomia, explicitar em seus planos de educação e nas diretrizes dos respectivos Conselhos a orientação normativa, a devida valorização e reconhecimento dessas modalidades.

Note-se que a Constituição de 1988, no seu art. 3º, em vista desse respeito à diferença, diz que é objetivo fundamental de nossa República:

> I - Construir uma sociedade livre, justa e solidária;
> II - Garantir o desenvolvimento nacional;
> III - Erradicar a pobreza e a marginalização e reduzir as desigualdades sociais e regionais;
> IV - Promover o bem de todos, sem preconceitos de origem, raça, sexo, cor, idade e quaisquer outras formas de discriminação.

O inciso IV repudia quaisquer formas de preconceito e de discriminação, tem objetivo de promover o bem de todos, que é a construção de uma cultura de liberdade, justiça e de solidariedade.

DA OBRIGATORIEDADE

Pode-se começar, então, pelas etapas da educação básica e sua associação com as faixas etárias, de cunho obrigatório ou não. Houve muita variação quanto às faixas etárias. Em nível nacional, a faixa etária comparece na primeira lei de diretrizes e bases da educação nacional, Lei nº 4.024/1961, em dois de seus artigos:

> Art. 26. O ensino primário será ministrado, no mínimo, em quatro séries anuais. Parágrafo único. Os sistemas de ensino poderão estender a sua duração até seis anos, ampliando, nos dois últimos, os conhecimentos do aluno e iniciando-o em técnicas de artes aplicadas, adequadas ao sexo e à idade.

> Art. 27. O ensino primário é obrigatório a partir dos sete anos e só será ministrado na língua nacional. Para os que o iniciarem depois dessa idade poderão ser formadas classes especiais ou cursos supletivos correspondentes ao seu nível de desenvolvimento.

Essa mesma lei que impunha um mínimo de quatro anos, portanto dos 7 aos 10 anos, estabelecia algumas situações em que havia isenção da obrigatoriedade. Isso demonstra que a própria Lei reconhece os limites das políticas educacionais de então em universalizar o acesso. É o caso do parágrafo único do art. 30:

> *Parágrafo único.* Constituem casos de isenção, além de outros previstos em lei:
>
> a) comprovado estado de pobreza do pai ou responsável;
> b) insuficiência de escolas;
> c) matrícula encerrada;
> d) doença ou anomalia grave da criança.

Havia também leis estaduais, com registros próprios, pela via do federalismo e a autonomia dos entes federativos.

A obrigatoriedade do ensino primário foi estabelecida, em 1934, em nível nacional, em quatro anos. E ela foi estendida para oito anos quando da Constituição de 1967. E, com a alteração da Lei nº 4.024/1961 estabelecida pela Lei nº 5.692/1971, o ensino primário passou a ser denominado *ensino de primeiro grau,* obrigatório dos 7 aos 14 anos. Já o ensino secundário passou a ser *ensino de segundo grau.* Em 2006, a Lei nº 11.274 estendeu de oito para nove anos o ensino fundamental obrigatório, iniciando-se aos 6 anos. Por conta da Emenda Constitucional nº 59/2009, a educação obrigatória estendeu-se para a pré-escola, ou seja, a partir dos 4 anos de idade, e prolongou-se pelo ensino médio, abrangendo dos 15 aos 17 anos. Desse modo, ao estabelecer a obrigatoriedade dos 4 aos 17 anos, o Brasil se equipara à maior parte dos países desenvolvidos.

Essa obrigatoriedade está hoje, predominantemente, circunscrita a quatro horas-relógio de atividades escolares. A extensão da jornada escolar para sete ou oito horas por dia ainda abrange uma parcela minoritária de alunos e de alunas, apesar de prevista na LDB e incentivada no Plano Nacional da Educação da Lei nº 13.005/2014.

DA GRATUIDADE

Outro ponto importante é o da gratuidade. Ela nem sempre esteve associada à obrigatoriedade. O ensino gratuito da *instrução primária* foi estabelecido na Constituição Imperial de 1824, mas ele era aberto apenas às pessoas livres. Aos cativos era interditada a entrada nas escolas públicas, já que, pelo odiento estatuto do cativeiro, os negros trazidos à força ao Brasil, seus filhos e suas filhas não eram considerados cidadãos. Por outro lado, apesar de seletiva e discriminatória no quadro geral do Império, a primeira lei geral da educação, aquela de 15 de outubro de 1827, assinada por D. Pedro I, proibia salário diferenciado entre professores e professoras, os quais deveriam ser profissionais e não amadores ou diletantes.

Um ponto fundamental para as políticas educacionais, no Império, foi o Ato Adicional de 1834. Até então, a *instrução primária* era competência dos *poderes gerais* (hoje diríamos da União). Com esse Ato, os poderes gerais ficaram com a exclusividade do ensino superior e a instrução primária tornou-se competência das províncias. Essas, com impostos menores, em um país agrário-exportador, com poucas vias de comunicação, tiveram grandes dificuldades para a manutenção e criação de escolas. O então denominado ensino secundário tinha como modelo o Colégio *de* Pedro II (assim era escrito), cujo currículo era a referência para as eventuais escolas secundárias criadas pelas províncias.

Voltando à gratuidade. A Constituição Republicana de 1891 não acolheu a gratuidade como o fizera a Constituição revogada de 1824. Deixou essa competência para as leis estaduais. Dos 17 estados então delimitados no Brasil, 10 inseriram a gratuidade nos seus textos constitucionais e 5 a associaram à obrigatoriedade. Quais? Minas Gerais, São Paulo, Bahia, Santa Catarina e Mato Grosso.

O único ponto em que a União interferiu na educação escolar, mercê da separação da Igreja e do estado pelo Decreto nº 119-A de 1890, foi a laicidade. Como diz o art. 72, §6º: "será leigo o ensino ministrado nos estabelecimentos públicos".

Em 1925/1926, houve uma tentativa de estabelecer na Constituição a gratuidade e a obrigatoriedade da instrução primária, bem como de restabelecer o ensino religioso nas escolas públicas. Mas não houve votos suficientes, nem para umas e nem para outra.

Nos anos 1920 e seguintes, as estatísticas de acesso à escolaridade eram péssimas no Brasil, em que apenas 25% das crianças em idade escolar frequentavam as escolas. Em função desse mau retrato, muitos estados levaram adiante reformas educacionais importantes, especialmente visando ao maior acesso à escolaridade e à introdução das chamadas metodologias ativas, próprias da Escola Nova. A Escola Nova pretendia um ensino em que o aluno tivesse uma participação ativa no processo ensino/aprendizagem, por meio de pesquisas bibliográficas nas bibliotecas, estudos do meio e experimentações laboratoriais, tendo o professor como um indutor. Esses reformadores, tais como Anísio Teixeira, Fernando de Azevedo, Lourenço Filho e Cecília Meireles, junto com outros intelectuais, artistas e outros profissionais, publicaram o famoso Manifesto dos Pioneiros da Educação Nova de 1932, do qual constavam vários pleitos, entre eles: gratuidade, obrigatoriedade, laicidade, plano nacional de educação, conselhos de educação e vinculação de impostos para dar conta disso tudo.

Excetuada a laicidade, dado o retorno do ensino religioso facultativo, todas essas propostas foram inscritas na Constituição de 1934. Ressaltem-se dois pontos. O primeiro: a educação tornou-se *direito de todos* e devendo ser levada adiante pelos poderes públicos. Ou seja, pela primeira vez, as políticas educacionais estavam encampadas pelo *direito de todos* e esse direito – segundo ponto – teria a sustentação de um porcentual vinculado aos impostos para a constituição de fundos para a manutenção e desenvolvimento da educação. Esses fundos, por sua vez, propiciariam políticas de educação à luz de planos de educação.

Mas a expectativa positiva dessa inscrição da educação sustentada como direito foi frustrada porque todos esses princípios foram banidos pelo golpe de novembro de 1937, que instaurou a ditadura do Estado Novo. Com ela, a Constituição Democrática de 1934 foi rasgada e, com isso, a noção de direito deixa de estar presente e se tem o fim do vínculo constitucional de impostos para educação. Com a Constituição de 1937 e de tudo que a cercou, a política educacional foi prevalentemente marcada pelo setor privado, em especial no secundário. Se essa Constituição da Ditadura do Estado Novo (1937-1945) afirmava que a política de Estado seria a de "ensino pré-vocacional e profissional destinado às classes menos favorecidas", a lei orgânica do ensino secundário, assinada por Gustavo Capanema, ministro da Educação e Saúde, afirmava ser essa etapa o *destino das elites.*

Esse quadro se alterou com o retorno da democracia em 1946. A Constituição de 1947 retomou os princípios de 1934. E, de novo, o direito à educação recuperou a vinculação. Mas tanto em 1934 e 1946, em nível nacional, a gratuidade e a obrigatoriedade ficavam dispostas apenas *no ensino primário.* Os estados também atendiam à sua autonomia. Por exemplo, a Constituição de São Paulo rezava que "o ensino oficial será gratuito em todos os graus", consoante o parágrafo único do art. 118 (1947).

Durante a ditadura civil-militar de 1964, de novo como em 1937 houve a revogação da vinculação dos percentuais de impostos para a educação quando da Constituição de 1967. Essa Constituição, determinada pelo Ato Institucional nº 4, ampliou a obrigatoriedade, mas com a revogação do financiamento vinculado a qualidade da educação escolar ficou seriamente comprometida.

A plenitude da vinculação volta com a Constituição de 1988 e, com isso, como posto no início desse capítulo, a declaração do direito do cidadão e do dever do Estado. A gratuidade se estendeu, bem como a obrigatoriedade. A vinculação, com o Fundef e o Fundeb, foi subvinculada. E, assim, a organização da educação nacional se complexificou, seja pelos níveis e etapas, seja pelo número de ofertantes da educação básica, seja pelos que se responsabilizam pela gestão, sem deixar de considerar a presença da sociedade civil na gestão e no controle dos recursos.

Mas ainda há pontos que necessitam se completados.

DOS CERTIFICADOS E DIPLOMAS

Falemos da diferença entre certificado e diploma. O certificado é um documento que atesta o término de uma etapa da educação básica. E o certificado do ensino médio, como o é até hoje, permite o prosseguimento de estudos em vista do diploma de ensino superior. O diploma, além de certificar uma formação inicial, dá ao seu titular uma profissionalização que lhe permite se inserir no mundo do trabalho. Ou seja, o diploma abre um nicho de inserção profissional, um campo de atuação no mundo do trabalho. Isso permanece até nossos dias.

Entretanto, há duas formações no âmbito da educação básica que dão direito a diploma. A primeira delas, uma das mais tradicionais, é o curso normal de nível médio. Esse curso profissionaliza docentes para atuarem na educação infantil e nos anos iniciais do ensino fundamental. De acordo com a LDB trata-se de uma formação mínima. A outra é a educação profissional técnica de nível médio. Essa formação profissional só se completa se o estudante também tiver obtido o certificado do ensino médio. Um dos documentos normativos que regulamenta a oferta integrada, concomitante ou sequencial da educação técnica de nível médio em articulação com o ensino médio é o Decreto Federal nº 5.154/2004.

Agora, podemos olhar para a educação superior. Ela não é obrigatória. O acesso a ela se dá por meio de um processo seletivo. Ela possui diferentes formas e graus.

A *graduação* é um grau profissionalizante e emite diploma. Há a graduação que forma bacharéis e há aquela que forma licenciados. Ambos são profissionais. Mas só os que fazem a licenciatura nas áreas e conteúdos curriculares que compõem a Base Nacional Comum Curricular, aí incluída a Pedagogia, é que podem fazer o exercício da docência em escolas da educação básica. Porém, é possível a quem tenha o bacharelado nessas áreas fazer em seguida ou concomitantemente a licenciatura. Aos bacharéis, mesmo sem licenciatura, é lícito o exercício da docência no ensino superior.

Os licenciados podem atuar na educação básica como docentes e também como profissionais da educação (gestores, coordenadores, pedagogos) e só eles podem ali atuar. No entanto, só pedagogos(as) e normalistas podem atuar nos anos iniciais e na educação infantil. Os bacharéis, como veterinários, advogados, matemáticos, geógrafos, entre outros, atuam no mundo do trabalho por meio de suas profissões. Esses, sem uma formação pedagógica autorizada e regulamentada pelo Conselho Nacional de Educação, não podem atuar como docentes na educação básica. Tanto bacharéis como licenciados têm sua oferta acadêmica regida por *diretrizes curriculares nacionais,* lavradas pelo Conselho Nacional de Educação. Já o exercício da profissão, no âmbito do mundo do trabalho, é supervisionado pelos Conselhos Profissionais. Todas as instituições de ensino superior são avaliadas de tempos em tempos com vistas ao aperfeiçoamento de sua oferta.

A *pós-graduação* permite ao seu titular um grau acadêmico que o certifica. Trata-se da pós-graduação *lato sensu* e a *stricto sensu.* Esses são os graus acadêmicos. A primeira se expressa em *especialização* devidamente feita em instituições autorizadas. A segunda possui dois graus: o mestrado e o doutorado. O mestrado pode ser acadêmico ou profissional e se conclui com uma dissertação defendida perante uma banca examinadora. O doutorado é o maior grau acadêmico da educação superior e é finalizado com a defesa de uma tese perante banca examinadora. O pós-doutorado não é um grau, e sim um aprofundamento posterior e pode ser certificado. A pós-graduação *stricto sensu* tem uma avaliação específica e que também é periódica em vista da qualidade de sua oferta.

O federalismo educacional

O estudo das políticas educacionais, no Brasil, exige que se leve em conta, entre outros conceitos, o fato de sermos uma República Federativa, desde 1889, com a Proclamação da República. O art. 1º da nossa Constituição é explícito: "A República Federativa do Brasil, formada pela união indissolúvel dos Estados e Municípios e do Distrito Federal, constitui-se em Estado Democrático de Direito".

Além de República, somos uma Federação formando uma União. A União é um vínculo conjugado entre o Estado Federal, os estados membros, o distrito federal e os municípios. A União Federal se compõe, então, desses entes federativos, cujo laço é indissolúvel, ou seja, trata-se de um laço que não pode ser desfeito. No âmbito jurídico, diz-se que esse laço indissolúvel é uma "cláusula pétrea", presente no art. 60, § 4º, inciso I, da Constituição.

A definição por República Federativa consta já do Preâmbulo da Constituição e em outros artigos dela. Quando se fala de federalismo, fala-se de um tipo específico de Estado, o Estado

Federal. Alguns conceitos fundamentais podem nos servir de auxílio nessa análise exploratória.

O termo *federação* provém do latim *foedus-eris*, que significa contrato, aliança, união, ato de unir-se por aliança, confiar-se, acreditar. Uma federação é a união de membros federados que formam uma só entidade soberana: o Estado Nacional. E o sucesso dessa federação depende, exatamente, de relações contratuais, não hierárquicas, entre os entes que a formam.

Assim sendo, pode-se definir o federalismo como uma forma de organização político-territorial de um Estado, que tem uma relação direta com o modo como os governos se organizam, atuam e respondem à sociedade em termos de políticas públicas.

Em um estado federativo, os processos de decisão devem ser conduzidos por meio da negociação entre entes federados autônomos. No caso brasileiro, esse aspecto é especialmente importante porque ao contrário de outros países federalistas, o federalismo aqui é denominado de triplo. Isso quer dizer que todos os entes federados que formam o Estado Nacional (União, estados/distrito federal e municípios) têm autonomia decisória sobre a formulação de políticas educacionais nos seus territórios.

Assim, no regime federal, as unidades federadas subnacionais gozam de autonomia dentro dos limites jurisdicionais atribuídos e especificados pela Constituição. Daí que tais subunidades não são nem nações independentes e nem unidades somente administrativas.

O federalismo é um arranjo entre entes federativos que se compõe de um compartilhamento de poderes, da autonomia de cada um ao lado da busca de uma unidade que não é uniformidade. Desse modo, trata-se de um regime em que os poderes de governo são repartidos entre instâncias governamentais por meio de campos de competências legalmente definidas, isto é, de campos específicos de jurisdição de cada ente. A repartição de competências sempre foi um assunto importante no federalismo. Resulta daí que uma temática recorrente para a elucidação da forma federativa de Estado é a distribuição de poderes.

Não existe um padrão único ou homogêneo de federalismo. Dessa maneira, é mais pertinente se falar em federalismos, podendo-se distinguir três tipos gerais.

O *federalismo centrípeto* se inclina ao fortalecimento do poder da União. Como em todo federalismo há uma tensão entre concentração e difusão dos poderes, nesse caso há uma predominância das atribuições da União. Pode haver casos em que essa relação, em regimes autoritários, se converta em relações de subordinação dentro do Estado Federal. Pode-se dar como exemplo o próprio Brasil entre os anos 1930-1934, 1937-1945 e 1964-1988.

O *federalismo centrífugo* se remete ao fortalecimento do poder do Estado-membro sobre o da União em que, na relação concentração e difusão dos poderes prevalecem relações de larga autonomia dos Estados-membros. Pode-se assinalar como tal a Velha República, especialmente o poder hegemônico das oligarquias paulistas e mineiras entre 1898 e 1930.

Nessa lógica centrífuga, os entes federados tendem a buscar "vida própria", distanciando-se da União, que, em um cenário ideal, se estrutura como o ator que coordena as políticas, respeitando a autonomia dos entes subnacionais.

A função de coordenação federativa atribuída à União não significa centralizar poder na União, mas assumi-la como o ator central na negociação com estados e municípios no desenho e na implementação de políticas educacionais.

Já o *federalismo de cooperação* busca um equilíbrio de poderes entre a União e os Estados membros estabelecendo laços de colaboração na distribuição das múltiplas competências por meio de atividades planejadas e articuladas entre si com fins comuns. Esse federalismo político e cooperativo foi posto na Constituição de 1934, mas durou pouco tempo. Foi perdido em 1937 e recuperado em 1946 e, de novo, perdido em 1964. O federalismo cooperativo é o registro jurídico forte de nossa atual Constituição de 1988.

São exemplos formalizados de federalismo político, ainda que diferenciados entre si nas suas especificidades e efetivação: o Brasil, os Estados Unidos, a Alemanha, o México, a Argentina, a Venezuela, a Rússia, a Bélgica, entre outros. Cumpre agora distinguir a federação de outras formas de organização dos Estados.

A confederação, por fim, indica a união entre várias nações autônomas que se reúnem em torno de um só poder central que as representa ante as demais nações. Essas nações preservam sua autonomia interna e sua personalidade jurídica ante os outros Estados Nacionais da Confederação. Enquanto Estados Nacionais Confederados, eles abdicam de sua soberania externa, a qual é delegada àquele poder que os representa em foros internacionais. Mas gozam do chamado direito de secessão, ou seja, um Estado pode se retirar da Confederação. Exemplo de confederação são os Estados Unidos entre 1776 e 1787. Só com a Constituição de 1787 é que se tornaram, então, uma federação.

Outra forma político-territorial de organização é o Estado Unitário. Nele, prevalecem tipos de relacionamento mais hierárquicos, em detrimento de formas contratuais, como no federalismo. Países como França, Itália, Portugal são exemplos desse tipo de organização.

Nesse caso, tem-se um governo central com autoridade exclusiva de um Estado com jurisdição integral em todo o país. Nas divisões administrativas com as quais ele possa contar, não há autonomia delas, no mais das vezes chamadas de Regiões. Essas são diretamente subordinadas à autoridade do poder central mediante delegação.

É importante, contudo, não confundir relações hierárquicas, neste caso, com ausência de democracia. Não parece razoável supor, por exemplo, que o berço do iluminismo, que é a França, não tenha a democracia como um princípio fundador. No entanto, ela é um país unitário. Assim, não é possível vincular organização de Estado com modelo de democracia.

Em termos de políticas educacionais, as regiões da França, que corresponderiam aos estados e municípios no Brasil, por ser um país unitário, não têm autonomia decisória para implementar políticas curriculares, por exemplo. O desenho curricular é formulado pelo centro, nesse caso, embora haja a participação das regiões no seu delineamento e implementação. Contudo, não é possível, nesse contexto, que cada região defina seu desenho curricular.

De volta ao federalismo, é sempre importante considerar que se deve levar em conta, em cada caso, a origem dos diferentes modelos das federações e os condicionantes dos seus respectivos processos históricos.

Em um Estado Federal há, pois, polos de poder que representam níveis que devem ser, ao mesmo tempo, interdependentes e coordenados, em vista de levar adiante políticas comuns e específicas. Específicas para atender às peculiaridades regionais e comuns porque os entes também partilham princípios e objetivos comuns à cidadania.

Além da pluralidade de polos autônomos de poder, o federalismo brasileiro implica a existência de poderes democráticos constituídos como o Executivo, o Judiciário e o Legislativo, todos sob a Constituição Federal.

E ao se estruturar assim, o faz sob o princípio da cooperação recíproca, de acordo com os arts. 1º, 18, 23 e 60, § 4º, I. Percebe-se, pois, que ao invés de um sistema hierárquico ou dualista, comumente centralizado, a Constituição Federal montou um sistema de repartição de competências e atribuições legislativas entre os integrantes do sistema federativo, dentro de limites expressos, reconhecendo a dignidade e a autonomia próprias dos mesmos.

A insistência na cooperação, a divisão de atribuições, o registro de objetivos comuns com normas nacionais gerais indica que nossa atual Constituição prevê um sistema federativo por colaboração, tanto quanto um Estado Democrático de Direito.

Essa abertura, contudo, no campo da interpretação do texto legal, dada a complexidade da teia de relações que se estabelecem, é também fonte de incertezas como também o é a crescente interferência da União no âmbito do regime fiscal e tributário.

No circuito dos entes federativos, o regime escolhido para integrá-los foi o de colaboração recíproca. O regime de colaboração, seja em termos de conteúdo, seja em termos de mecanismo, é difícil, lento e necessariamente negociado. É o que acontece com um Brasil cuja União congrega 27 estados, mais de 5.568 municípios e o distrito federal.

Por isso, a cooperação exige entendimento mútuo entre os entes federativos e a participação supõe a abertura de novas arenas públicas de deliberação e mesmo de decisão. Para tanto, a Constituição Federal montou um sistema de repartição de competências e atribuições legislativas entre os integrantes do sistema federativo, dentro de limites expressos, reconhecendo a dignidade e a autonomia próprias.

Esse sistema está também presente na organização da educação nacional. Mas, pelo fato de sermos uma União, há que haver uma finalidade comum, um sentido geral, com regras e normas de modo a obter uma harmonia interna e a realização de fins. E todas as competências e limitações dos entes federativos encontram seu fundamento de validade na mesma fonte, isto é, na Constituição Federal.

No que se refere à educação propriamente dita, a Constituição deixa claro, no art. 211, que "a União, os Estados, o Distrito Federal e os Municípios organizarão em regime de colaboração seus sistemas de ensino". Já o art. 23, inciso V, define que é competência comum dos entes federados "proporcionar os meios de acesso à cultura, à educação, à ciência, à tecnologia e à inovação".

Sendo a educação, como se viu, afeita a todos os entes federativos, diz-se que ela é uma matéria de natureza concorrencial. Nesse sentido, a competência da União limita-se às normas gerais (§ 1º do art. 24), isto é, elas não podem ter um caráter exaustivo, deixando-se aos outros entes a complementação ou suplementação, no que couber (§ 2º do art. 24 e inciso II do art. 30). Mas, quando a legislação nacional aponta atribuições específicas, essas devem ser exercidas plenamente.

O art. 211, além de apontar a necessidade de um regime de colaboração entre os entes federados, disciplina ainda as competências prioritárias de cada um deles. À União, de acordo com o § 1º, cabe a responsabilidade pelo sistema federal de ensino, e também atuar de modo supletivo e redistributivo em relação aos estados e municípios.

Isso significa que além da União ser responsável pelas universidades e institutos federais, cabe a ela oferecer ajuda técnica e financeira aos estados e municípios, em matéria educacional.

É importante ainda lembrar que a União possui uma forte competência legislativa do sistema educacional, o que lhe permite atuar como coordenadora das políticas educacionais no país.

O § 2º do art. 211 define a competência prioritária dos estados e do distrito federal dispondo que a eles cabe atuar no ensino médio e ensino fundamental. Já o parágrafo 3º do mesmo artigo disciplina a atuação dos municípios sobre a educação infantil e ensino fundamental, como discutimos no capítulo anterior, que trata da organização da educação básica.

Embora o texto constitucional estabeleça as competências para cada um dos entes federados, a mesma Constituição prevê um regime de colaboração, conforme o parágrafo único do art. 23.

É nele que se encontra definido que leis complementares devem regulamentar as formas de cooperação entre os entes federados na provisão das políticas sociais, incluída a educação.

Além disso, o art. 212 estabelece um percentual mínimo de vinculação de recursos próprios de cada ente federado para a manutenção e o desenvolvimento do ensino.

Como se pode observar, do ponto de vista formal, ou seja, no que diz respeito à legislação, o desenho federalista educacional está bem desenhado. Tem-se as definições de competências de cada ente em matéria educacional, a previsão de destinação de impostos, bem como se prevê um regime de colaboração, já antevendo o desequilíbrio financeiro dos entes federados.

No entanto, entre o marco legal instituído e a efetividade das ações no dia a dia da federação há um sensível hiato. Essa lacuna entre o previsto e o factual se dá principalmente porque as relações cooperativas entre os entes federados não são um fato dado, mas precisam ser construídas.

Isso significa que quanto mais "lubrificada" estiver a engrenagem federativa (União, estados/distrito federal e municípios), ou seja, quanto melhor for a relação entre os entes federados, menor vai ser o atrito e o desgaste e melhor a qualidade da política a ser produzida para o cidadão. A construção dessa "engrenagem lubrificada" enfrenta um grande desafio, que é coadunar autonomia e interdependência dos entes federados.

De um lado, é uma das características do federalismo a autonomia de cada um deles, derivada do voto popular, das bases fiscais e, com exceção do município, ter uma força policial e tribunal próprios. De outro lado, para que as políticas educacionais possam responder de modo mais assertivo à sociedade, é necessário que estados, municípios e União tenham uma perspectiva interdependente de atuação, ou seja, que pensem as políticas de modo conjunto.

Desse modo, pensando conjuntamente, reduz-se a possibilidade de se ter políticas sobrepostas em alguns territórios e ausência em outros. Mas as relações de interdependência e cooperação não são naturais, como se disse, elas precisam ser induzidas e produzidas. Em geral, elas são construídas por meio de negociações entre os entes federados, por meio das chamadas "barganhas federativas", que são instrumentos legais e legítimos de articulação.

Na área da educação, podem-se encontrar iniciativas nacionais que buscaram produzir maiores esforços de cooperação entre os entes federados e melhorar a política educacional, principalmente em termos de redução de desigualdades.

A primeira iniciativa mais direta foi o Fundo de Desenvolvimento do Ensino Fundamental e Valorização do Magistério (Fundef), criado pela Emenda Constitucional nº 14/96 e regulado pela Lei nº 9.424/96. Seu objetivo era a construção de uma cooperação intergovernamental financeira e de recorte federativo, com vistas à universalização do ensino fundamental.

O foco exclusivo no ensino fundamental, deixando de fora outras etapas da educação básica, propiciou críticas a esses "vazios". Daí a importância da Emenda nº 53/2006, que estabeleceu o Fundo de Manutenção e Desenvolvimento da Educação Básica e de Valorização dos Profissionais da Educação (Fundeb), que, regulamentado pela Lei nº 11.274/2006, trouxe percentuais diferenciados para todas as etapas e modalidades da educação básica.

Mais recentemente, esse fundo se tornou artigo dentro do corpo permanente da Constituição por meio da Emenda Constitucional nº 108/2020, que foi regulamentada pela Lei nº 14.113 do mesmo ano, conforme veremos nos capítulos que tratarão do financiamento da educação básica.

Outros programas e políticas também têm sido implementados pelo governo federal de modo a tentar colocar os entes federados em uma "mesma página". São exemplos disso a criação de Parâmetros Curriculares Nacionais (PCNs), Sistema de Avaliação da Educação Básica (Saeb), mas, também, o Programa de Ações Articuladas (PAR).

Os Parâmetros Curriculares Nacionais de 1ª a 4ª séries e de 5ª a 8ª séries são documentos produzidos e publicados pelo Ministério da Educação (MEC), respectivamente em 1997 e 1998. Tinha-se como objetivo que a União oferecesse aos entes subnacionais uma proposta de diretrizes, produzidas por ela, para que as redes pudessem organizar seus próprios currículos, a partir daquele direcionamento, e, assim, termos nacionalmente uma mesma linha curricular.

De um lado, esperava-se que o documento colocasse todas as redes de ensino em "uma mesma página", em termos curriculares, induzidas pelas diretrizes construídas pelo governo federal. De outro, seria possível manter as especificidades dos territórios também no documento a ser construído pelos entes subnacionais.

No caso do Saeb, o governo federal, via Instituto Nacional de Estudos e Pesquisas Educacionais Anísio Teixeira (Inep), deu início, desde os anos de 1995, a um sistema avaliativo, no âmbito da educação básica, com produção de provas de Língua Portuguesa e Matemática a serem aplicadas nas redes públicas de ensino, em séries definidas pelo governo federal, de modo amostral.

A partir de 2005, foi implementada a chamada Prova Brasil, com aplicação censitária nas escolas brasileiras. Ou seja, de modo geral, os estudantes de 5º e 9º anos do ensino fundamental e 3º ano do ensino médio da rede pública passaram a fazer avaliações de Língua Portuguesa e Matemática a cada dois anos.

Assim como os PCNs, o que encontramos no caso do Saeb é a atuação do governo federal em relação aos estados e municípios, por meio da função constitucional supletiva e redistributiva.

Na medida em que as redes passam a participar do Saeb, as questões que compõem as avaliações de larga escala contribuem para que um mesmo direcionamento de currículo seja implementado nas escolas, levando a um arranjo curricular com maior proximidade entre as redes.

O Plano de Ações Articuladas (PAR) é outro exemplo de estratégia de assistência técnica e financeira da União em relação aos entes federados. No âmbito do PAR, o governo federal induz um comportamento mais uniforme nas redes de ensino, no que tange à dinâmica de se produzir instrumento de diagnóstico e planejamento de políticas educacionais.

Como o PAR é delineado para um período de quatro anos, contribui-se para uma estruturação das redes de ensino de forma mais orgânica e sistêmica, evitando, por exemplo, descontinuidade de ações educacionais e promovendo maior estabilidade no sistema educacional.

O desenho do PAR, feito pelo Ministério da Educação, portanto do governo federal, estrutura-se em quatro dimensões: I Gestão Educacional; II Formação de Professores e dos Profissionais de serviço e apoio escolar; III Práticas Pedagógicas e Avaliação; e IV Infraestrutura Física e Recursos Pedagógicos.

Cada uma dessas dimensões, consideradas como estratégicas para uma escola de qualidade, é acompanhada por indicadores que orientam a tomada de decisão dos gestores na formulação local do PAR.

É possível observar que, ao aderir ao PAR, o ente federado precisa atender às condicionalidades previstas pelo governo, e, assim, possivelmente, alterar determinadas rotinas e modos de realizar ações como diagnósticos, selecionar problemas a serem atacados e escolher formas de avaliação.

Ao fazer desse modo, o que podemos observar é que a União está reduzindo as possibilidades de atuação diferenciada de um conjunto de entes federados, que pode levar à desigualdade. Ou seja, se cada rede de ensino for desenhar suas ações e programas obedecendo unicamente a sua autonomia, é possível que municípios muito pequenos, por exemplo, com baixa capacidade estatal tenham dificuldade de propor políticas mais bem delineadas.

Assim sendo, o que se tem é a atuação da União em relação aos entes subnacionais, de modo a reduzir as assimetrias locais. Por meio de adesão dos estados e municípios, o ente federal estrutura programas e políticas nacionais, levando a que diferentes estados e municípios trabalhem na mesma perspectiva, pautados por diretrizes comuns.

***

*Para este capítulo, contamos com a ajuda de **Gustavo Trajano**, cujo trabalho de dissertação estabelece relações com as questões tratadas aqui.*

Histórico
do financiamento
da educação básica

Já falamos que a educação para todos é dever do Estado. E para que isso de fato seja efetivado é necessário que a alocação de recursos seja regulamentada. Se hoje podemos contar, na legislação, com essa base legal em vista de um sistema de financiamento, nem sempre foi assim. Desse modo, o financiamento merece um estudo histórico que contemple os vários contextos que o envolveram.

Ao longo da história da educação no Brasil, algum apoio financeiro sempre houve. O que altera seu desenho são suas bases legais, o tamanho e o conjunto institucional que o cerca.

Como nos ensina a história da educação, a educação no Brasil-Colônia, mesmo servindo para a catequese e para a escolarização de poucos, contou com um modo peculiar de financiamento. Os jesuítas (padres da Companhia de Jesus, fundada por Inácio de Loyola) eram responsáveis pelo aldeamento de comunidades indígenas e, depois, pela instrução dos filhos dos colonos em colégios. Para a sustentação desses colégios, o governo da metrópole (Portugal) criou um imposto denominado *redízima*. A redízima era uma porcentagem cobrada sobre o imposto chamado *dízima* e que incidia sobre açúcar, aguardente, charque e sobre todos os bens que entravam na colônia pelos portos.

Outro momento importante do financiamento se deu com a expulsão dos jesuítas do Brasil e a consequente extinção dos colégios que eles administravam. Trata-se do Alvará Régio de 28 de junho de 1759, da lavra do Marquês de Pombal. A fim de substituir os quadros jesuítas, Pombal fez a chamada Reforma Pombalina. Tratava-se das chamadas aulas régias, que se constituía como uma unidade de ensino, com professor único, instalada para determinada disciplina, não se articulando com outros componentes disciplinares ou a qualquer escola.

O pagamento dos professores exigia um financiamento, e para financiá-los, a Carta Régia de 10 de novembro de 1772 criou uma fonte de recursos chamada subsídio literário. Esse subsídio viria de um fundo pecuniário e, segundo o texto, deveria ser constituído por meio da contribuição obrigatória de "hum real em cada canada [perto de dois litros] de vinho, e quartilho de aguardente, no reino e nas ilhas e em cada arrátel de vaca na Ásia, América e África".

Essa foi a primeira forma estatal de financiamento da educação pública no Brasil, e foi chamada às vezes, jocosamente, de "imposto da cachaça". Esse imposto, muito pouco convertido em ações constantes e de peso, continuou vigente mesmo depois da separação de Brasil de Portugal, tendo sido praticamente revogado após 1827, quando é citado pela última vez.

Com a edição do Ato Adicional de 1834, as províncias ficaram com a atribuição da instrução primária e formação de docentes. As províncias ficaram com os impostos menores. E como algum financiamento era preciso, a instrução passou a contar com uma parcela de recursos retirada de loterias, rifas e do próprio orçamento provincial. Os poderes gerais, com impostos mais robustos, incluindo os de importação, se responsabilizaram pelas escolas de ensino superior e pelo Colégio de Pedro II.

Essa situação, apesar de discursos na Assembleia Geral, prevendo apoio dos poderes gerais para as províncias, não se alterou significativamente. Tal situação, aliada à enorme exclusão com relação aos cativos, gerou um elitismo na oferta da educação escolar cujos efeitos se desdobram até hoje.

A República – como se sabe – tornou-se uma República Federativa, acabando com a centralização político-administrativa do Império. Com isso, as províncias, tornadas Estados, passaram a ser entes federativos, mantida a descentralização em educação, em linhas gerais muito próxima do formato do Ato Adicional de 1834. O art. 5º da Constituição proclamada de 1891 dispõe que os estados deveriam assumir *às expensas próprias, as necessidades de seu Governo e administração; a União, porém, prestará socorros ao Estado que, em caso de calamidade pública, os solicitar.* Com isso, manteve-se a instrução primária, a formação de docentes e o ensino secundário a cargo dos Estados e, agora, a União com a responsabilidade sobre o ensino superior. Contudo, mais uma vez, será preciso aferir nas Constituições Estaduais e nas suas leis infraconstitucionais se e como foram apontados recursos para dar conta de suas atribuições no âmbito da educação. Por exemplo, a Constituição Mineira de 1891, no seu art. 118, §3º, instituía *um fundo escolar* para o funcionamento das escolas.

Na República, entre 1889-1930, não havia, pois, um financiamento específico estabelecido em termos nacionais que obrigasse os Estados a custear a rede de educação. Recursos havia, provindos do orçamento geral, mas não eram nem específicos e nem exclusivos da educação. Apesar de sua variabilidade, as leis do orçamento da União previam recursos para as escolas superiores federais (que não eram gratuitas), escolas de aprendizes e artífices e alguns outros advindos de impostos sobre bebidas alcoólicas e outros ofertados por instituições beneficentes.

Em 1925 houve uma reforma do ensino, conhecida como Reforma João Alves/Rocha Vaz, posta no Decreto nº 16782-A, que trouxe uma novidade. A União passaria a apoiar parcialmente a ampliação do ensino primário, em especial por meio do salário dos professores das zonas rurais. Aos estados caberia pagar a complementação e propiciar residência e material didático, além de prédios escolares nessas zonas. Essa iniciativa atendia, em parte, às vozes dos que denunciavam a situação precária com que os estados se defrontavam na oferta da instrução primária.

A Revolução de 1930 vai alterar esse quadro. As estatísticas educacionais punham o Brasil em situação vexatória em face do quadro de países como Argentina, Uruguai e Chile. O país dava passos no sentido da industrialização e da urbanização. Não era possível continuar com uma população tão longe dos bancos escolares. Além disso, em vários estados houve reformas educacionais, levadas adiante por figuras como Fernando de Azevedo,

Lourenço Filho, Anísio Teixeira, Lisímaco Costa, Mário Casassanta, entre outros. Esses reformadores, junto com outros intelectuais, artistas e profissionais lançaram, em 1932, o famoso Manifesto dos Pioneiros da Educação Nova. Nele, além defenderem a gratuidade, a obrigatoriedade, a laicidade e a coeducação, postularam um fundo específico e constante para a educação, a ser constituído de patrimônios, impostos e rendas próprias, voltados exclusivamente para a política educacional. Essas demandas serão acolhidas, com exceção da amplitude da laicidade, na Constituição de 1934, na qual o art. 156 determina que "A União e os Municípios aplicarão nunca menos de dez por cento, e os Estados e o Distrito Federal nunca menos de vinte por cento, da renda resultante dos impostos, na manutenção e no desenvolvimento dos sistemas educativos".

Indo na mesma direção, o art. 157 da mesma Constituição dispunha que:

> A União, os Estados e o Distrito Federal reservarão uma parte de seus patrimônios territoriais para a formação dos respectivos fundos de educação.
>
> § 1o As sobras das dotações orçamentárias, acrescidas de doações, percentagens sobre o produto de vendas de terras públicas, taxas especiais e outros recursos financeiros constituirão, na União, nos Estados e nos Municípios, esses fundos especiais, que serão aplicados exclusivamente em obras educativas determinadas em lei.
>
> § 2o Parte dos mesmos fundos se aplicará em auxílio a alunos necessitados, mediante fornecimento gratuito de material escolar, bolsas de estudo, assistência alimentar, dentária e médica, e para vilegiaturas.

E para que esses recursos fossem adequadamente dirigidos à educação, sem dispersão, a Constituição exigia a elaboração de um Plano Nacional de Educação que seria assessorado por um Conselho Nacional de Educação.

O Plano foi elaborado, mas sua finalização pelo Senado Federal foi abortada pelo golpe de novembro de 1937 que criou a ditadura do Estado Novo. Com isso, a Constituição de 1934 foi rasgada e, em seu lugar, foi outorgada outra que se cala sobre a vinculação. Desse modo, aquela constância que se esperava para as políticas educacionais decorrentes do Plano Nacional de Educação foi adiada.

Ainda assim houve iniciativas para criar um Fundo Nacional do Ensino Primário em 1942. Houve acerto com os Estados mediante convênios que custaram a sair do papel, pois foram realizados por meio de muitos decretos. Quando se chegou a um acerto definitivo já se estava no regime de transição, em 1945 e 1946 e às vésperas da nova Constituinte e das eleições diretas para Presidência.

O art. 171 da Lei Maior de 1946 determinava:

> Os Estados e o Distrito Federal organizarão os seus sistemas de ensino.
>
> § único: Para o desenvolvimento desses sistemas a União cooperará com auxílio pecuniário, o qual, em relação ao ensino primário provirá do respectivo Fundo Nacional.

A assistência escolar comparece no art. 172: "Cada sistema de ensino terá obrigatoriamente serviços de assistência educacional que assegurem aos alunos necessitados condições de eficiência escolar".

Ao prever a gratuidade do ensino primário no art. 168, a Constituição impunha, nos incisos III e IV, a responsabilidade das empresas quanto à instrução dos empregados menores de idade e dos filhos dos trabalhadores quando o número de empregados fosse superior a 100.

Em 1955, houve uma regulamentação do Fundo do Ensino Primário, aquele de 1946, por meio do Decreto nº 37.082. Ele previa que 70% dos recursos desse fundo deveriam ser aplicados em construções escolares e na disponibilização de equipamento didático. Outros 25% seriam voltados para projetos de alfabetização de adultos e 5% para a formação de pessoal docente e técnico, tudo sob a supervisão do Instituto Nacional de Estudos Pedagógicos (Inep).

O financiamento para escolas particulares, postulado pelos representantes dessa rede, foi motivo de intensos debates entre os defensores dos recursos públicos exclusivamente para as escolas públicas (publicistas) e os que defendiam que tais recursos também fossem destinados às escolas privadas (privatistas). Essa polêmica se desenrolou ao longo da tramitação do projeto de lei de diretrizes e bases da educação nacional, entre 1957 e 1961.

Ao final, a Lei nº 4.024/1961, das diretrizes e bases, confirmou a vinculação de impostos para a educação pública e abriu a possibilidade da rede privada receber bolsas, empréstimos e subvenções. Já o art. 92 da lei delegava ao Conselho Federal de Educação a tarefa de elaborar o Plano Nacional de Educação mediante a constituição de Fundos com metas para grau de ensino.

Além disso, haveria conselhos de educação que deveriam gerenciar tais fundos de modo a dirigir os recursos para as finalidades do Plano. Atente-se para a semelhança dessa proposta com a que viria a ser o Fundef e o Fundeb. Esse Plano, contudo, foi frustrado com o golpe civil-militar de 1964, que o substituiu por planos gerais de desenvolvimento. Contudo, uma medida importante ocorrida no período foi a formalização do salário-educação pela Lei nº 4.440/1964. De um lado, ela determina a contribuição das empresas para suplementar os recursos orçamentários para o então ensino primário, depois, ensino de primeiro grau. E, de outro, caberia ao Inep, por injunção dessa lei, determinar, mediante estudos, o custo/ano/aluno do ensino primário.

A Reforma Tributária de 1966 criou o Fundo de Participação dos Estados e Municípios, que tinha como um de seus objetivos a redução das disparidades regionais.

A Constituição de 1967 retirou a vinculação do percentual de impostos para a educação. É certo que houve Planos Nacionais de Desenvolvimento durante o período ditatorial. Contudo, eram planos muito mais para a economia, deixando a educação de lado. Essa situação trouxe desdobramentos severos para a educação, pois, ao mesmo tempo que retirava o vínculo dos impostos, aumentava a obrigatoriedade de quatro para oito anos. Os recursos despencaram, as redes tiveram que crescer devido à ampliação da obrigatoriedade e os estados optaram, para fazer frente a isso, por docentes contratados a título precário, ano a ano, do que por concursos públicos. Os salários dos docentes sofreram perdas consideráveis. Com isso, o novo perfil de alunos que passaram a entrar nas escolas não teve a devida atenção, com sequelas sobre a permanência e sucesso deles.

Em 1969, a emenda constitucional outorgada, estabelecida pela Junta Militar, retorna com vinculação apenas para os municípios, de acordo com o art. 15, § 3º, letra "f", determinando que seria de 20%. A não aplicação desse percentual poderia ensejar intervenção federal no município. Por isso o art. 58 dispunha:

> Art. 58. A legislação estadual supletiva, observado o disposto no artigo 15 da Constituição Federal, estabelecerá as responsabilidades do próprio Estado e dos seus Municípios no desenvolvimento dos diferentes graus de ensino e disporá sobre medidas que visem a tornar mais eficiente a aplicação dos recursos públicos destinados à educação.
>
> *Parágrafo único*. As providências de que trata este artigo visarão à progressiva passagem para a responsabilidade municipal de encargo e serviços de educação, especialmente de 1º grau, que pela sua natureza possam ser realizados mais satisfatoriamente pelas administrações locais.

Nesse artigo há três elementos a serem observados: os municípios como uma espécie de "subsistemas" dos estados, a indução à municipalização e a mudança da nomenclatura de ensino primário para ensino de primeiro grau.

A Lei nº 5537 de 21 de novembro de 1968 criou o Instituto Nacional de Desenvolvimento da Educação e Pesquisa (Indep) e que, pelo Decreto-Lei nº 872 de 15 de setembro de 1969 passou a se chamar Fundo Nacional de Desenvolvimento da Educação (FNDE), com a função de gerir as contas da educação.

A situação da educação pública, sob a Lei nº 5.692/71 que alterou a Lei nº 4.024, formalizando o ensino de primeiro grau e tornando o ensino de segundo grau profissionalizante trouxe constantes críticas à implementação desse último e dificuldades na junção do antigo ensino primário com os quatro anos do antigo primeiro ciclo do secundário (ginásio). Em muito locais de oferta do ensino de primeiro grau havia o chamado "turno da fome", espécie de terceiro turno das 11h às 14h.

Todas essas situações levaram a uma mobilização instando a volta da vinculação para estados e para a União. Papel relevante, dentro do Congresso, cumpriu o senador João Calmon. A Emenda Constitucional nº 24/1983 selou esse retorno que, por sua vez, foi regulamentada pela Lei nº 7.348/1985. Contudo, a expressão "manutenção e desenvolvimento do ensino" careceu de uma interpretação focalizada no *ensino* e, com isso, houve aplicações dos recursos para ações pouco pertinentes à escolaridade.

Nos anos 1980, a sociedade civil começou a lutar, explicitamente, pelo retorno da democracia, pela retomada dos direitos civis e políticos e ampliação dos direitos sociais.

Convocada a Constituinte, ela se iniciou em 1987, com grande participação da sociedade civil. Os educadores tinham em sua pauta o direito à educação e o dever do Estado como fundamentos dos princípios e objetivos que viriam a constar do texto constitucional de 6 de outubro de 1988. Não sem razão, essa Constituição foi denominada de Cidadã pelo presidente da Constituinte, deputado Ulisses Guimarães.

O art. 212 e o art. 212-A dessa Constituição são nucleares para este capítulo. Eles tratam da vinculação e da subvinculação dos recursos, do salário-educação, das transferências obrigatórias, das despesas com programas suplementares, da avaliação e do controle dessas contas, mas também da instituição da terceira geração de política de fundos, que é Fundeb permanente, aprovado em 2020, na medida em que, diferentemente do Fundef de 1996 e do Fundeb de 2006, o atual Fundeb passou a fazer parte do corpo permanente da Constituição, como discutiremos no próximo capítulo, que abordará a dinâmica do financiamento.

Dinâmica do financiamento da educação básica

No capítulo anterior, nós vimos como o financiamento da educação básica foi historicamente construído. Agora, vamos compreender como se dá a dinâmica desse financiamento, ou seja, de onde vêm os recursos, quais são eles e em que despesas podem ser usados. Para começar, é importante saber que o financiamento da educação básica, da educação infantil até o ensino médio, conta com fontes de recursos que podemos classificar como "estáveis". São elas: i) a vinculação de recursos oriundos dos impostos próprios dos entes federados; ii) contribuições sociais do salário educação; iii) transferências intergovernamentais obrigatórias; e iv) recursos decorrentes da complementação da União ao Fundo de Manutenção e Desenvolvimento da Educação Básica (Fundeb).

A educação ainda conta com outras fontes de financiamento, chamadas de suplementar, voltadas a programas de merenda e transporte escolar, livros didáticos, entre outros.

VINCULAÇÃO DE RECURSOS

Vincular recursos significa que um percentual do valor arrecadado com determinados tributos será destinado a uma política setorial, que no caso é a educação.

A vinculação de recursos para a educação encontra-se disposta no *caput* do art. 212 da Constituição Federal. Ela determina que cada ente federado no Brasil – União, estados, distrito federal e municípios – destine, obrigatoriamente, parte dos seus recursos próprios e das transferências intergovernamentais para serem utilizados em educação. Apenas duas áreas de política no Brasil possuem recursos vinculados: educação e saúde.

Qual a importância de se ter uma política com vinculação de recursos? Ela permite ao gestor fazer um planejamento de médio e longo prazo da política educacional. Sabendo que poderá contar com uma fonte estável de recursos, o gestor tem mais segurança para planejar e tomar decisão sobre a política ou programa que deseja implementar.

Em segundo lugar, a vinculação limita a discricionariedade do gestor na tomada de decisão alocativa. Ou seja, independente do contexto, o gestor não pode destinar recursos da educação para atender outras finalidades, se não aquelas relativas à área. Esse aspecto é importante porque em países em que as políticas sociais não são entendidas como centrais para eleger governos pode haver uma tendência de os recursos financeiros da educação serem destinados a outros programas mais rentáveis em termos de votos.

No *caput* do art. 212 há pelo menos três informações importantes sobre a vinculação de recursos: percentual vinculado, fonte de recurso, destinação obrigatória:

> Art. 212. A União aplicará, anualmente, nunca menos de dezoito, e os Estados, o Distrito Federal e os Municípios vinte e cinco por cento, no mínimo, da receita resultante de impostos, compreendida a proveniente de transferências, na manutenção e desenvolvimento do ensino.

Como podemos observar, cada ente federado é obrigado a destinar um percentual de seus impostos próprios e transferências constitucionais para a educação.

O art. 212 dispõe que os municípios, os estados e o distrito federal vinculem, no mínimo, 25% dos seus impostos e transferências para a educação, que devem ser utilizados na área de atuação prioritária de cada ente: educação infantil, ensino fundamental, ensino médio ou ensino superior.

Mas quais são esses impostos? Todos os entes federados possuem e dividem os mesmos impostos para serem usados na educação?

Os arts. 155, 156 e 157 da Constituição Federal disciplinam a estrutura tributária brasileira, dispondo sobre a competência de cada ente federado sobre os tributos disponíveis.

Os municípios têm competência tributária sobre o Imposto Predial e Territorial Urbano (IPTU), o Imposto sobre Serviços (ISS) e o Imposto Territorial Rural (ITR). É sobre eles que incidem o mínimo constitucional de 25%, a ser utilizado, de modo prioritário, na educação infantil e no ensino fundamental.

Aos estados e distrito federal estão reservados o Imposto de Circulação de Mercadoria e Serviço (ICMS), Imposto sobre Veículos Automotores (IPVA) e Imposto sobre Transmissão Causa mortis e Doação (ITCD), para investimentos em ensino médio e ensino fundamental.

Por fim, à União são destinados o Imposto de Renda (IR) e Imposto sobre Produto Industrializado (IPI), Imposto sobre a Propriedade Territorial Rural (ITR), sobre os quais recai o mínimo de 18% para ser utilizado na rede federal de ensino.

Um dos primeiros aspectos que chama a atenção dessa distribuição de impostos é seu caráter regressivo, em termos educacionais. Isso porque os impostos mais frágeis desse conjunto – IPTU e o ISS – são de competência arrecadatória dos municípios.

Ao mesmo tempo, é esse o ente federado com o maior nível de responsabilidade pela oferta educacional, tendo em vista que, aproximadamente, 21 milhões de matrículas são municipais, segundo os dados do Censo Escolar de 2019.

TRANSFERÊNCIAS INTERGOVERNAMENTAIS

As transferências intergovernamentais constitucionais, como o próprio termo sugere, são formas de relacionamento entre os três entes federados, do ponto de vista tributário e fiscal. Como vimos, cada um deles possui competência arrecadatória sobre determinados impostos.

Como observamos, também, existe um desequilíbrio da capacidade de arrecadação entre eles. O município, por exemplo, é responsável legal por muitas políticas públicas, como educação infantil e ensino fundamental, mas também pela saúde básica, saneamento básico e transporte. Embora sejam muitas responsabilidades, os impostos próprios do município (IPTU, ISS, ITBI) são tributos frágeis, que geram pouca arrecadação, principalmente porque a maioria dos municípios brasileiros são pequenos.

Então, como tentar equilibrar, minimamente, essa balança? Com a atuação redistributiva dos entes federados que têm mais recursos.

Mas como isso acontece? Por meio de transferências, que são formas de relacionamento entre os entes federados. Basicamente, um ente transfere recurso para outro.

Essas transferências encontram-se disciplinadas nos art. 159 da Constituição e têm como função atuar sobre a regressividade do sistema, isto é, diminuir as desigualdades que decorrem de assimetrias tributárias e fiscais.

É importante sublinhar que o mínimo constitucional de que trata o *caput* do art. 212 incide também sobre as chamadas transferências intergovernamentais, que são de caráter obrigatório. Isso quer dizer que, por exemplo, os municípios devem vincular para a educação no mínimo 25% de seus impostos próprios, mas, também, das transferências obrigatórias que recebe da União e dos estados.

Assim, a União é obrigada a transferir 21,5% do IPI e do IR para os estados, formando o chamado Fundo de Participação dos Estados (FPE). O ente federal deve ainda transferir 23,5% desses mesmos impostos para os municípios, constituindo o Fundo de Participação dos Municípios (FPM).

Além disso, a União é obrigada a devolver 100% do IR de autarquias e fundações estaduais e municipais aos respectivos entes federados, de onde originou a arrecadação.

Já os entes estaduais também têm obrigação legal de atuar de forma redistributiva em relação aos seus municípios, no que tange às transferências obrigatórias. Desse modo, eles devem transferir 25% do ICMS arrecadado pelo estado aos municípios nos quais foi gerada a receita do ICMS. Ou seja, essa transferência é proporcional à capacidade arrecadatória local.

Mais recentemente, a aprovação da Emenda Constitucional nº 108/2020, que aprovou o Fundeb permanente, alterou o parágrafo único do art. 158 da Constituição Federal e deu uma nova lógica ao repasse desses 25% devidos pelo estado aos municípios.

A partir desse novo marco legal, tornou-se obrigatório que os estados destinem parte dessa cota-parte municipal aos entes que cumprirem condicionalidades relativas à aprendizagem e equidade na educação. É o chamado ICMS Educacional.

Além da transferência da cota-parte do ICMS, o estado deve, ainda, transferir 50% do IPVA relativos aos carros emplacados em cada município.

USO PERMITIDO PARA O RECURSO VINCULADO

A terceira informação importante trazida pelo *caput* do art. 212 diz respeito à finalidade desse recurso, que somente poderá ser usado na manutenção e no desenvolvimento do ensino (MDE).

As despesas consideradas MDE estão disciplinas no art. 70 da Lei de Diretrizes e Bases da Educação (LDB) e podem ser descritas como todas as despesas que permitem as instituições educacionais exercerem sua finalidade. Assim, esses recursos podem ser usados com:

> Art. 70 [...]
>
> I - remuneração e aperfeiçoamento do pessoal docente e demais profissionais da educação;
>
> II - aquisição, manutenção, construção e conservação de instalações e equipamentos necessários ao ensino;
>
> III - uso e manutenção de bens e serviços vinculados ao ensino;
>
> IV - levantamentos estatísticos, estudos e pesquisas visando precipuamente ao aprimoramento da qualidade e à expansão do ensino;
>
> V - realização de atividades-meio necessárias ao funcionamento dos sistemas de ensino;
>
> VI - concessão de bolsas de estudo a alunos de escolas públicas e privadas;
>
> VII - amortização e custeio de operações de crédito destinadas a atender ao disposto nos incisos deste artigo;
>
> VIII - aquisição de material didático-escolar e manutenção de programas de transporte escolar.

Já o art. 71 da LDB aponta os itens que não podem ser considerados MDE e que, portanto, não constituem despesas que podem ser pagas com este recurso. Dentre eles, chama especial atenção os descritos nas alíneas IV, V e VI. Esses dispositivos vedam o usam de recursos do MDE com:

> [...]
>
> IV - programas suplementares de alimentação, assistência médico-odontológica, farmacêutica e psicológica, e outras formas de assistência social;
>
> V - obras de infraestrutura, ainda que realizadas para beneficiar direta ou indiretamente a rede escolar;
>
> VI - pessoal docente e demais trabalhadores da educação, quando em desvio de função ou em atividade alheia à manutenção e desenvolvimento do ensino.

Como podemos observar, as despesas com a merenda escolar, por exemplo, não podem ser pagas com esse recurso.

O parágrafo 4º do art. 212 da Constituição trata do assunto, dispondo sobre a impossibilidade deste uso. Diz o texto:

> Art. 212 [...] § 4º Os programas suplementares de alimentação e assistência à saúde previstos no Art. 208, VII, serão financiados com recursos provenientes de contribuições sociais e outros recursos orçamentários.

Mais recentemente, com a aprovação do Fundeb, via Emenda Constitucional nº 108/2020, foi explicitada a proibição de se utilizarem recursos do MDE com pagamentos de aposentadorias, conforme o § 7º, do art. 212.

CONTRIBUIÇÃO SOCIAL DO SALÁRIO-EDUCAÇÃO

Além dos impostos, outro tributo brasileiro que contribui para o financiamento da educação é a contribuição social, que, no caso desta política, denomina-se salário-educação.

As contribuições sociais têm como objetivo contribuir para a realização de diversas funções do poder público como a educação. Elas estão previstas no art. 149 da Constituição Federal e são um tipo de tributo de autoridade exclusiva da União, ou seja, apenas este ente federado pode criá-la.

O que chamamos hoje de salário-educação foi criado em 1964, através da Lei nº 4.440, e estava vinculado à responsabilidade das empresas com a educação formal dos empregados e seus filhos.

Esse desenho normativo foi alterado ao longo dos anos, e veio a se tornar o salário-educação nos moldes que foi normatizado pelo Decreto nº 6.003, de 2006, posteriormente, alterado pela Lei nº 11.457/2007.

Mas qual a sua estruturação? De onde veio esse recurso?

O salário-educação é uma contribuição de 2.5% que incide sobre o total da remuneração paga pelas empresas aos seus funcionários, recolhida pela Secretaria da Receita Federal do Brasil. Os valores arrecadados são transferidos para o Fundo Nacional de Desenvolvimento da Educação (FNDE), que é responsável pela repartição e parte da aplicação.

As empresas públicas, fundações, autarquias e instituições filantrópicas são isentas do recolhimento da contribuição social do salário-educação.

Os valores recolhidos pela Secretaria da Receita Federal e enviados ao FNDE são repartidos em três cotas, sendo elas a federal, estadual e municipal. De saída, 10% da arrecadação líquida fica no próprio FNDE, portanto, com a União.

Os 90% restantes são divididos nas três quotas. Assim, 1/3 dos 90% é destinado à quota federal, que mantém o recurso no FNDE. Os outros 2/3 correspondem às quotas estadual e municipal.

Os percentuais destinados aos estados e municípios são depositados mensalmente, de acordo com a proporção do número de matrículas das redes estaduais e municipais de ensino, conforme dispõe o § 6 do art. 212 da Constituição.

Esse recurso é voltado para financiamento de aspectos específicos do ensino público, como transporte escolar, assistência à saúde, programas de material didático-escolar e, inclusive, alimentação.

A compra de merenda escolar com recursos do salário educação tem fundamentação legal no § 4º, do art. 212 da Constituição Federal, embora tenha sido objeto de dúvidas por alguns tribunais de conta.

Um aspecto importante na contribuição social do salário-educação está relacionado à cota federal. Como vimos, a União, por meio do FNDE, detém 40% dos recursos. Contudo, esses valores não são destinados à rede federal de ensino, de responsabilidade prioritária da União. Eles são utilizados para a atuação supletiva da União em relação aos estados e municípios, como prevê o art. 211 da Constituição. Esse recurso é utilizado, assim, pelo FNDE para financiar projetos, programas e ações educacionais voltados para a educação básica, em estados e municípios.

Mais recentemente, um importante ganho relativo ao salário-educação se deu no campo jurídico. Em junho de 2022, o Supremo Tribunal Federal julgou procedente o pedido dos estados nordestinos para que a distribuição da quota-parte estadual e municipal do salário-educação considerasse apenas o número de alunos matriculados nas redes e não critérios de arrecadação do tributo do ente federado envolvido.

Esse critério, disposto no art. 15 da Lei nº 10.832/2003, penalizava os estados mais pobres, especialmente os do Nordeste, já que o salário-educação está intimamente vinculado à capacidade de gerar empregos de cada ente federado. Com o julgamento do STF em 2022, da Arguição de Descumprimento de Preceito Fundamental (ADPF) 188, esse desequilíbrio passou a ser corrigido.

O FUNDO DE MANUTENÇÃO E DESENVOLVIMENTO DA EDUCAÇÃO BÁSICA E DE VALORIZAÇÃO DOS PROFISSIONAIS DA EDUCAÇÃO (FUNDEB)

O Fundo de Manutenção e Desenvolvimento da Educação Básica e de Valorização dos Profissionais da Educação (Fundeb) é um dos principais mecanismos no financiamento da educação básica no Brasil. Em média, o Fundeb responde por 6 de cada 10 reais deste financiamento. Em algumas redes, esse valor chega a 8 reais, representando, assim, 80% de todo o recurso educacional que a rede possui para fazer funcionar a política educacional.

O Fundeb, aprovado pela Emenda Constitucional nº 108/2020 e regulamentado pela Lei nº 14.113/2020, representa a terceira geração de política de fundos na educação. A primeira geração iniciou-se no governo de Fernando Henrique Cardoso, em 1996, quando se criou o Fundo de Manutenção e Desenvolvimento do Ensino Fundamental e de Valorização do Magistério (Fundef). Ele foi instituído pela Emenda Constitucional nº 14, de setembro de 1996, e regulamentado pela Lei n.º 9.424, de 24 de dezembro do mesmo ano, e pelo Decreto nº 2.264, de junho de 1997.

O Fundef, como a própria sigla anuncia, atendia apenas a uma etapa da educação básica, que é o ensino fundamental. Sua duração foi de 10 anos e se extinguiu em 2006, quando passou a viger o Fundeb.

O Fundeb foi criado pela Emenda Constitucional nº 53/2006 e regulamentado pela Lei nº 11.494/2007 e pelo Decreto nº 6.253/2007. Os recursos do Fundeb, ao contrário do Fundef, alcançavam todas as etapas da educação básica, incluindo a educação infantil, e teve duração de 14 anos, tendo sido extinto em 2020.

Em dezembro de 2020, foi criada a terceira geração de fundos, com a aprovação do novo Fundeb pela Emenda Constitucional nº 108/2020, e um desenho bem mais delineado e redistributivo que os modelos que o antecederam.

O Fundeb em vigência tem caráter permanente, o que representa, em si, um enorme avanço. Assim, essa política fica menos sujeita a inseguranças no plano político. Isso é importante porque a aprovação de cada um dos três fundos mostrou o número de desafios envolvidos na construção política desse instrumento. Além disso, a natureza permanente do Fundo dá mais segurança ao gestor para desenhar políticas de médio e longo prazo, já que pode contar com essa fonte de recurso financeiro estável.

O "novo" Fundeb também avança em outras dimensões. Ele tem no seu desenho uma participação da União na complementação de recursos bem superior aos anteriores. No Fundeb que expirou em 2020, a União complementava até 10% do valor do Fundo. No atual, o ente federal deverá complementar com 23% da totalidade dos valores do fundo. Ou seja, a presença da União neste mecanismo mais que dobra.

Outro aspecto importante do novo desenho é seu caráter mais redistributivo e indutor de políticas nos territórios que se dá por meio das três dimensões do fundo: Valor Aluno Ano Fundeb (VAAF), Valor Aluno Ano Total (VAAT) e Valor Aluno Ano Resultado (VAAR), como veremos mais para frente.

Além disso, o Fundeb permanente exige que, no mínimo, 70% dos recursos do fundo sejam destinados ao pagamento de profissionais da educação em exercício, vetando seu uso para aposentadorias.

Todos esses pontos que fazem do "novo" Fundeb um mecanismo mais avançado de financiamento ficam mais bem compreendidos se entendermos a engrenagem do Fundeb. Assim, precisamos responder a questões da seguinte ordem: como funciona o Fundeb? Como ele redistribui os recursos? Quem mais aporta recursos ao Fundo? Ele reduz desigualdades?

A ENGRENAGEM DO FUNDEB

A primeira coisa que temos que saber é que não existe um Fundeb único que acolhe os 26 estados e o distrito federal. Não, não é assim. Na verdade, existem 27 Fundeb, ou seja, cada ente federado possui o seu fundo.

Certamente você já ouviu termos como fundo de garantia, fundos de aplicação, fundo de previdência, entre outros. Pois bem, o Fundeb é um fundo especial, para o qual se destinam valores, com o objetivo de se executarem determinados programas ou ações educacionais.

Ora, se cada estado tem o seu Fundeb, os recursos que são destinados a cada um deles não se comunicam com os valores de outros fundos. Por exemplo, os recursos que se encontram no Fundeb mineiro não se comunicam com aqueles do Fundeb alagoano, e assim por diante.

Os recursos que se encontram dentro de cada fundo vêm do esforço fiscal do ente estadual e de todos os entes municipais de um estado. Voltando ao exemplo de Minas Gerais. O Fundeb deste estado é constituído por tributos aportados ao fundo pelo ente estadual e pelos seus 873 municípios.

E quais são os tributos utilizados para compor a cesta do Fundeb? Basicamente, os valores que constituem o fundo vêm dos impostos e transferências dos entes federados, que já faziam parte da vinculação de recursos da educação e se encontram no art. 212 da Constituição.

Não é por acaso que a Emenda Constitucional nº 108/2020 "emenda" exatamente o art. 212 da Constituição, inserindo o art. 212-A, que trata dos tributos e do percentual que constituirão o novo fundo. Cada fundo deve, assim, destinar 20% de um conjunto de tributos, como se observa pela Tabela 1:

Tabela 1 – Tributos que compõem a cesta do Fundeb 2020

Fonte	Fonte/competência arrecadatória	Percentual
ICMS	Imposto Estadual	20%
FPE	Estadual via Transferência da União	20%
IPI-Exportação	Estadual via Transferência da União	20%
ITCD	Imposto Estadual	20%
IPVA	Imposto Estadual	20%
FPM	Municipal via Transferência da União	20%
ITR	Municipal via transferência da União	20%
Cota-parte ICMS	Municipal via transferência do Estado	20%
Cota-parte IPVA	Municipal via transferência do Estado	20%

Fonte: Emenda Constitucional nº 108/2020.

Há, pelo menos, três questões que devemos observar por meio da tabela. A primeira é que os impostos de competência arrecadatória do município (IPTU e ISS), e que são recursos vinculados para a educação, não entram na cesta do Fundeb, sendo preservados. Os tributos municipais que fazem parte do fundo são aqueles decorrentes de transferências, seja da União, seja do estado.

A segunda questão é que os valores depositados pelos estados e municípios, sozinhos, sem atuação da União, não ajudariam a reduzir desigualdades de gasto educacional entre os entes federados. Podemos notar que, embora cada fundo conte com os mesmos impostos e percentual (20%), os valores absolutos em cada um deles são muito diferentes.

Esse percentual está vinculado à atividade econômica de cada ente federado. Ou seja, não se pode comparar a frota automobilística do estado de São Paulo com a da Paraíba. Portanto, 20% do IPVA do estado paulista será muito distinto do paraibano. O mesmo ocorre com impostos como o ICMS, por exemplo.

Por fim, o terceiro ponto é a constatação de que esse recurso do Fundeb não se constitui exatamente como novo. Isso porque esses 20% que vão para a cesta já fazem parte daqueles 25% que são vinculados para a educação. Ou seja, essa parte do Fundeb nada mais é do que uma subvinculação sobre a vinculação que já existia.

O aporte novo de recursos que acompanha o Fundeb é a complementação que a União faz ao fundo, e que a partir de 2026 deverá corresponder a, no mínimo, 23% da sua totalidade.

Até o ano de 2020, a União complementava com até 10% de cada fundo. Com a Emenda Constitucional nº 108/2020, ela passa a complementar com 23%, a serem pagos de modo parcelado. Esse percentual está dividido nas três dimensões do Fundeb: VAAF, VAAT e VAAR.

O VAAF conta com 10% no âmbito de cada estado e do Distrito Federal, sempre que o valor anual por aluno (VAAF) não alcançar o mínimo definido nacionalmente. Já 10,5% são destinados ao VAAT e distribuídos entre as redes públicas de ensino municipal, estadual ou distrital sempre que o valor anual total por aluno (VAAT) não alcançar o mínimo definido nacionalmente.

O VAAT tem duas particularidades. A primeira delas é que ele representa um maior esforço redistributivo dentro do Fundo. Isso porque no caso do VAAT, se houver uma rede com muitas matrículas em um município pobre, ele se torna elegível para recebimento. A segunda é que 50% dele devem ser destinados à educação infantil, sob responsabilidade legal dos municípios.

Por fim, 2,5% do valor da complementação da União estão destinados ao VAAR. O recebimento do Valor Aluno Ano Resultado por parte das redes públicas de ensino está sujeito ao cumprimento de condicionalidades referentes à melhoria de gestão, evolução de indicadores de atendimento e melhoria da aprendizagem com redução das desigualdades.

COMO SÃO DISTRIBUÍDOS OS RECURSOS DO FUNDEB?

A cada final de ano, o governo federal publica o Valor Aluno Ano de cada ente federado que valerá no ano seguinte. Esse valor é dado pela razão entre os recursos disponíveis em cada fundo e o número de matrículas da rede, devidamente ponderadas. Quando algum fundo não alcança o valor considerado mínimo, a União complementa o fundo até que se alcance este valor. Essa lógica de distribuição acontece no âmbito do VAAF.

No caso do VAAT, a União também é a responsável por publicar seu mínimo. Para a distribuição da complementação-VAAT são consideradas as receitas vinculadas à educação. Além dos valores decorrentes do VAAF, são considerados: 5% do montante dos impostos e transferências que compõem a cesta de recursos do Fundeb; 25% dos demais impostos e transferências; cotas estaduais e municipais da arrecadação do salário-educação, parcela da participação pela exploração de petróleo e gás natural vinculada à educação e transferências decorrentes dos programas de distribuição universal geridos pelo Ministério da Educação (art. 13, § 3º). A razão entre esses recursos e o número de matrículas ponderadas determinam a distribuição.

No caso do VAAR, a distribuição ocorre por meio da razão entre os recursos recebidos via alcance das condicionalidades previstas no art. 5º da Lei 14.113/2020 e o número de alunos matriculados nas respectivas redes de ensino, nos termos do art. 8º dessa lei.

Nós não temos evidências científicas de que maiores aportes de recursos levam, a rigor, a melhores resultados educacionais, em termos de aprendizagem. Contudo, a garantia de um financiamento sólido viabiliza um conjunto de ações que têm potencial de melhorar a qualidade da educação ofertada.

O financiamento da educação é crucial para a efetivação do direito à educação como serviço público destinado tanto à consolidação da cidadania, quanto aos ditames dos direitos humanos.

$$***$$

*Este capítulo contou com a leitura atenta e inteligente de **Caio Callegari**, a quem agradecemos.*

A avaliação educacional

A avaliação é uma atividade inerente ao trabalho pedagógico e se constitui em uma prática comumente atribuída aos professores e professoras nos diferentes níveis, etapas e modalidades de ensino. Nesse sentido, dominar as concepções e práticas avaliativas envolve a aquisição de conhecimentos no processo de formação inicial, ou seja, nos cursos de profissionalização docente, mas também é algo que nos acompanha durante nosso desenvolvimento profissional, constituindo-se em um dos elementos importantes da docência.

As primeiras noções que adquirimos sobre a avaliação, como ela funciona e para que ela serve, nos é dada pela própria escola, pois o sentido e o significado da avaliação nos são transmitidos desde o primeiro ano do ensino fundamental.

Essas noções nos são dadas pela prática desenvolvida nas salas de aula das escolas. Portanto, é importante destacar que, antes de ingressarmos num curso de licenciatura, temos conhecimentos que nos permitem definir a avaliação realizada no interior das salas de aula e escolas.

Se perguntarmos a um grupo de estudantes de qualquer nível de ensino o que é avaliar, teremos algumas respostas que, certamente, se aproximarão da concepção de avaliação adotada na instituição de ensino em que estudam. Mas, como docentes em formação, necessitamos compreender os conceitos, as práticas, as dimensões e as funções que a avaliação desempenha no contexto escolar.

Para iniciarmos essa conversa é importante buscar compreender o significado etimológico do termo *avaliar*. Como inúmeras palavras da língua portuguesa, a sua origem deve ser buscada no latim, que é "*a valere*", que significa dar valor a algo ou alguma coisa. Assim sendo, no contexto da educação avaliar significa atribuir um valor, emitir um juízo de valor ou realizar um julgamento sobre algo tomado como objeto no trabalho educativo.

Partindo dessa noção geral, a forma mais conhecida por todos na escola é a avaliação que os professores e professoras fazem da aprendizagem de seus estudantes na sala de aula, conhecida, normalmente, como avaliação da aprendizagem.

Seguindo essa lógica, avaliar a aprendizagem dos alunos e alunas seria realizar um julgamento sobre a aquisição dos conhecimentos, domínio de habilidades e competências que vem sendo trabalhados em sala de aula. Estariam os estudantes compreendendo os conceitos estudados? O quanto dos objetivos estabelecidos estariam sendo alcançados? Ao avaliar estaríamos, assim, emitindo um juízo de valor sobre o processo de ensino-aprendizagem realizado.

É importante destacar que tradicionalmente a avaliação foi, muitas vezes, confundida com verificação, ou seja, o ato de avaliar se limitaria a simples aplicação de instrumentos para identificar os acertos e erros dos estudantes e a quantificação desses acertos e erros em notas ou conceitos. O julgamento e a emissão de um juízo de valor sobre o objeto avaliado vão além da simples verificação: fornecem elementos importantes para os docentes que os auxiliarão na tomada de decisões que possibilitem alcançar os objetivos propostos com o processo de ensino-aprendizagem.

Neste início, exemplificamos o que se define como avaliação tomando como exemplo a aprendizagem dos estudantes, bem como os avaliadores, que são as professoras e os professores que coletam, analisam, sintetizam, atribuem um valor e tomam uma posição a partir do que é produzido pelos estudantes. Ou seja, estamos falando da avaliação na escola, interna a ela.

Por exemplo: podemos ter uma professora dos anos iniciais que trabalhou em sala de aula o conceito de divisão, aplicou uma atividade aos seus estudantes (coletou informação), depois corrigiu a atividade (analisou os resultados) e identificou que havia estudantes que tinham compreendido o conceito, outros que apresentaram dúvidas e alguns que ainda não revelavam ter adquirido elementos importantes da divisão.

A partir dessa coleta e análise, a professora identifica entre os estudantes dificuldades presentes sobre o conceito e decide reformular seu planejamento para realizar atividades sobre divisão que permitam fortalecer os conhecimentos daqueles que já haviam compreendido e superar as dificuldades identificadas de alguns estudantes. Assim, ela pode tomar a decisão de avançar de forma mais segura com o desenvolvimento do planejamento de ensino, não deixando conhecimentos anteriores sem o devido domínio pela turma.

Nesse exemplo, podemos observar que a professora, mesmo diante de resultados diversos, reorienta seu planejamento visando garantir o desenvolvimento de todas as crianças. Sua atitude não só revela uma compreensão adequada do conceito de avaliação, como evidencia uma das funções da avaliação, que é a *função formativa*, ou seja, que coleta e analisa dados durante o processo de ensino-aprendizagem permitindo identificar as dificuldades dos estudantes e promover intervenções que favoreçam a superação dessas dificuldades.

As outras duas funções da avaliação normalmente utilizadas na escola são a *diagnóstica* – quando se procura identificar, no início do ano, de um bimestre, de uma unidade de ensino, os conhecimentos prévios que os estudantes trazem e que auxiliam a desenvolver um planejamento de ensino que contribua para superar defasagens anteriores e proporcionar um percurso mais tranquilo e aprendizagens mais efetivas – e a *somativa* – realizada, na maioria dos casos, ao final do processo, visando obter um balanço do trabalho realizado e sendo, muitas vezes, utilizada para tomar decisões relativas à aprovação ou não do estudante.

Até aqui abordamos somente a avaliação feita pelos docentes em sala de aula com seus alunos, ou seja, a conhecida *avaliação da aprendizagem*.

Contudo, é importante ressaltar que existem outras dimensões da avaliação que convivem no interior das escolas. Nesse caso, importa-nos destacar ao menos duas delas: a *avaliação institucional*, que visa avaliar a escola como um todo, identificando desde as condições do ensino, a formação e o preparo dos professores, as condições de trabalho, o funcionamento da gestão escolar, as relações interpessoais na escola e as relações da escola com a comunidade na qual está inserida.

A outra dimensão que nos importa destacar é a da *avaliação dos sistemas de ensino*, ou seja, avaliações que visam evidenciar o rendimento dos alunos e o desempenho das escolas e sistemas de ensino.

No caso do Brasil, essas avaliações, pela forma como são realizadas, ficaram conhecidas como avaliações externas e em larga escala. Externas porque os instrumentos utilizados para a coleta de dados são elaborados e analisados externamente às escolas e aos sistemas de ensino, como, por exemplo, as avaliações do Sistema de Avaliação da Educação Básica (Saeb), e em larga escala por serem avaliações aplicadas a todas as escolas de ensino fundamental e médio do país, desde que elas cumpram alguns requisitos básicos.

Essas avaliações externas e em larga escala, ou seja, as avaliações de sistemas, vêm sendo aplicadas no Brasil desde o início da década de 1990. Antes dessa década, já havia algumas discussões e iniciativas que sinalizavam a importância de se implementar avaliações externas e em larga escala. Porém, é somente nos anos 1990 que se tem a entrada das avaliações na agenda da nossa política educacional, impulsionadas pelo contexto político e econômico internacional, marcado pela introdução em diversos países da agenda neoliberal e pela atuação dos organismos internacionais, como Banco Mundial e a Organização das Nações Unidas para Educação, Ciência e Cultura (Unesco), principalmente pela Conferência de Educação para Todos de Jomtien, realizada na Tailândia em 1990.

Em 1988, a ideia de uma avaliação que seria aplicada a todo o Brasil ganha materialidade com a criação do Sistema de Avaliação do Ensino de 1º Grau (Saep), sendo realizada em novembro desse mesmo ano uma aplicação visando testar os instrumentos (provas) em escolas dos estados do Paraná e do Rio Grande do Norte. Após esse pré-teste, ocorreu a primeira aplicação nacional em 1990, dando origem ao Sistema Nacional de Avaliação da Educação Básica (Saeb).

Nessa primeira aplicação, o Saeb avaliou estudantes das 1ª, 3ª, 5ª e 7ª séries do ensino fundamental em uma amostra de escolas públicas, nas áreas de Língua Portuguesa, Matemática, ciências naturais e redação. Em 1992, o Instituto Nacional de Pesquisas Educacionais Anísio Teixeira (Inep) passa a ser o responsável por coordenar o Saeb, que em 1994 é institucionalizado, tornando-se oficialmente uma avaliação nacional.

Em 1995 ocorre a primeira grande inovação metodológica no Saeb com a introdução da Teoria da Resposta ao Item (TRI), que permite colocar os itens dos testes e os alunos em uma mesma escala. Isso possibilita a comparação dos resultados dos alunos entre as diferentes séries e áreas do conhecimento, em diferentes edições do Saeb. Os dados dessas avaliações são comparáveis ao longo do tempo, podendo-se, assim, acompanhar a evolução do desempenho das escolas, das redes e do sistema como um todo.

Além da introdução da TRI, a edição do Saeb em 1995 ocorreu de forma amostral em escolas públicas e particulares, participando da avaliação estudantes da 4ª, 8ª séries do ensino fundamental e 3ª série do ensino médio, sendo avaliados os componentes de Língua Portuguesa, teste com foco em leitura, e Matemática, teste com foco na resolução de problemas.

Nas edições seguintes, 1997 e 1999, a inovação deveu-se às alterações nos componentes curriculares avaliados. Em 1997, além da Língua Portuguesa e da Matemática, incluiu-se as ciências naturais (Biologia, Física e Química) e, em 1999, ocorreu a introdução da avaliação em ciências humanas (História e Geografia).

Na edição de 2001, foram avaliadas apenas as áreas de Língua Portuguesa e Matemática, tendo ocorrido ainda a adoção de novas matrizes de referência. Esse formato foi replicado na edição do Saeb de 2003.

Em 2005, o Saeb, por meio da Portaria Ministerial nº 931, de 21/03/05, passou por uma nova reestruturação, tornando o sistema composto por duas avaliações:

1. Avaliação Nacional da Educação Básica (Aneb) – manteve os procedimentos da avaliação amostral das redes públicas e privadas, com foco na gestão da educação básica.

2. Avaliação Nacional do Rendimento Escolar (Anresc) – conhecida como Prova Brasil, passou a avaliar, de forma censitária, os estudantes matriculados na 4ª e 8ª séries do ensino fundamental de escolas públicas, permitindo gerar resultados por escola.

Ao criar a Prova Brasil (Anresc), o Saeb abriu espaço para a introdução do Índice de Desenvolvimento da Educação Básica (Ideb), criado em 2007, que passou a utilizar o desempenho dos estudantes nos testes de Língua Portuguesa e Matemática no cálculo do índice.

A criação da Prova Brasil, com caráter censitário, assim como o uso dos seus resultados para calcular o Ideb promoveram um novo olhar de professores, gestores escolares e dos sistemas de ensino para com o Saeb, pois, a partir desse momento, metas bianuais seriam estabelecidas para escolas e sistemas de ensino. O Ideb, portanto, passou a se configurar como um parâmetro da qualidade da educação básica no Brasil. Assim, o índice se tornou uma ferramenta essencial para o planejamento das políticas educacionais, norteando ações e investimentos em diferentes áreas para contribuir com o alcance das metas estabelecidas.

Se, por um lado, ter um indicador de qualidade como referência para escolas e sistemas de ensino foi visto como um avanço no contexto da política educacional, por outro, causou uma inversão, pois tornou a preocupação com as provas do Saeb e o alcance das metas o foco de muitas escolas e sistemas. Dessa forma, elas passaram a orientar suas políticas educacionais em função apenas do alcance do desempenho dos estudantes nos testes padronizados aplicados no Saeb, deixando de lado questões fundamentais da escola e da formação dos estudantes por não serem o foco da avaliação nacional.

Além disso, rapidamente os estudiosos da educação começaram a questionar o próprio Ideb enquanto indicador da qualidade educacional, fazendo críticas a ele. Uma delas, por exemplo, é essa inversão, induzindo a um estreitamento curricular nas escolas.

Outra crítica estava relacionada aos usos que se fazia dele, em termos de produção de ranking de escolas e responsabilização de professores pelos resultados de alunos. Como o Ideb é construído por meio da nota dos estudantes na Prova Brasil e do rendimento (fluxo), passou-se a ser possível identificar, no nível das escolas, aquelas que não alcançavam as metas propostas e, a partir daí, premiarem as melhores escolas ou introduzir sanções àquelas que foram mal classificadas. Além disso, instituiu-se uma lógica de ranquear as escolas públicas como melhores ou piores a partir do resultado do Ideb.

O problema relativo aos rankings estava, principalmente, no fato de o Ideb não considerar na sua formulação a composição do alunado, o nível socioeconômico ou pertencimento racial deles, ou as características dos docentes ou das escolas, ao definir as escolas como de excelência ou com qualidade ruim.

Apesar do Ideb evidenciar essas limitações para se aferir a qualidade da educação, que é algo complexo e multifatorial, devemos considerar que até aquele momento não tínhamos nenhum critério claro que pudesse servir como indicador da qualidade educacional no país, um país que possui dimensões continentais, diferenças regionais extremamente grandes – tanto do ponto de vista econômico, cultural, social e geográfico – que precisam ser consideradas ao se pensar em indicadores que permitam identificar pontos de atenção para a formulação de políticas públicas.

Nessa trajetória do Saeb, após a criação da Prova Brasil (2005) e do Ideb (2007), a principal novidade foi a introdução da avaliação da alfabetização, com a criação da Avaliação Nacional de Alfabetização (ANA), no contexto do Pacto Nacional pela Alfabetização na Idade Certa (Pnaic), em 2013. Com isso, introduziu-se a aplicação, de forma censitária, de uma avaliação de leitura, escrita e Matemática no 3º ano do ensino fundamental das escolas públicas. A ANA teve aplicações nos anos de 2013, 2014 e 2016. Vale destacar que em 2013 foram introduzidos testes de ciências humanas e ciências da natureza para estudantes do 9º ano do ensino fundamental, mas ainda em caráter experimental.

Para a edição de 2017, novas alterações foram feitas no Saeb, passando a ser censitária a avaliação realizada no 3º ano do ensino médio. Em 2019, a novidade foi o início da adequação das matrizes de referência do Saeb à Base Nacional Comum Curricular (BNCC). Para não impactar no cálculo do Ideb, a implementação de novas matrizes referenciadas na BNCC se daria de forma gradativa, iniciando pela implementação das matrizes para a avaliação de Língua Portuguesa e Matemática no 2º ano do ensino fundamental e de ciências humanas e ciências da natureza no 9º ano do ensino fundamental. Ainda, em 2019, a diferenciação entre Aneb e Anresc foi eliminada, deixando de existir essas duas nomenclaturas.

Importante destacar que as mudanças em 2019 trouxeram duas inovações significativas. A primeira foi o retorno da avaliação da alfabetização, ainda de forma amostral, realizada no 2º ano do ensino fundamental e com as matrizes referenciadas na BNCC. A outra inovação foi um estudo-piloto visando implementar a avaliação da educação infantil, com aplicação de questionários eletrônicos para professores e diretores de escolas, secretários municipais e estaduais de educação. Em 2021, o estudo-piloto se manteve.

Vale ressaltar que o Saeb vem passando por mudanças e adequações e que as metas previstas para o Ideb iam até o ano de 2022, o que traz um cenário de alterações e de implementação de ajustes na política de avaliação nacional.

Ressalta-se que a política nacional de avaliação se encontra respaldada no Plano Nacional de Educação, Lei nº 13.005, de 25 de junho de 2014, na Meta 7, que prevê fomentar a qualidade da educação básica em todas as etapas e modalidades, com melhoria do fluxo escolar e da aprendizagem, de modo a atingir as seguintes médias nacionais para o Ideb: 6,0 nos anos iniciais do ensino fundamental; 5,5 nos anos finais do ensino fundamental; 5,2 no ensino médio.

Desse modo, o PNE não apenas legitima o Ideb, como também ratifica a importância da realização do Saeb, o que mantém as avaliações externas como um dos pilares na formulação das políticas educacionais.

A lógica de uma centralidade da avaliação no contexto nacional veio se construindo e fortalecendo ao longo dos anos 1990, se consolidou na primeira década do século XXI e se institucionalizou de diferentes formas, inclusive pela incorporação no Plano Nacional de Educação (2014-2024). Na década de 1990, em paralelo ao desenvolvimento do Saeb, avaliações subnacionais foram sendo implementadas, como no caso o Sistema Permanente de Avaliação da Educação Básica do Ceará (SPAECE), implementado desde 1992, ou do Sistema de Avaliação de Rendimento Escolar do Estado de São Paulo (Saresp), desde 1995. Ambos os sistemas de avaliação estaduais se mantêm em funcionamento em 2023.

Assim como o SPAECE e o Saresp, outros sistemas de avaliação estaduais foram sendo criados na primeira década do século XXI, como o Sistema de Avaliação Educacional de Pernambuco (Saepe) e o Sistema Mineiro de Avaliação e Equidade da Educação Pública (Simave), criados em 2000. Alguns sistemas de avaliação estaduais e municipais tiveram sua criação impulsionada pelo Saeb e pela criação do Ideb, fornecendo dados de forma mais periódica que possibilitariam servir como referência para o alcance das metas nacionais.

Portanto, evidencia-se que as avaliações subnacionais (realizadas por estados e municípios) foram estimuladas pelo Saeb, como já foi dito, mas também institucionalizadas pelo PNE (2014-2024), quando na estratégia 7.32 explicita que a política nacional deverá

> [...]
>
> 7.32) fortalecer, com a colaboração técnica e financeira da União, em articulação com o sistema nacional de avaliação, os sistemas estaduais de avaliação da educação básica, com participação, por adesão, das redes municipais de ensino, para orientar as políticas públicas e as práticas pedagógicas, com o fornecimento das informações às escolas e à sociedade.

A política nacional de avaliação vem se consolidando nas últimas três décadas, sendo aprimorada, e visando fornecer dados e informações para todas as esferas da gestão pública e escolas que permitam formular políticas educacionais que assegurem a oferta de uma educação de melhor qualidade.

O grande salto no aprimoramento que o sistema de avaliação da educação básica, compreendido o Ideb, deve relaciona-se à equidade. É preciso que as novas medidas a serem produzidas para avaliar e monitorar a educação considerem as profundas desigualdades de ensino entre os diferentes estudantes e possam dar informações de melhor qualidade para os gestores das redes de ensino.

O Sistema Nacional de Educação

A temática de um Sistema Nacional de Educação (SNE) foi posta na agenda desde quando a educação (instrução primária) se tornou um *direito de todos*, com a devida *gratuidade*. A data dessa dimensão da educação como *direito de todos* converge com o artigo de educação da Constituição Imperial de 1824. Só que esse "todos" não se aplicava, de fato, a todos, dado que os escravos não tinham acesso às escolas oficiais, e as mulheres livres, por contingências culturais, tinham vários obstáculos para frequentarem as escolas. Crianças mais abastadas tinham como recurso a educação doméstica, por meio de preceptoras ou preceptores.

Tal gratuidade tinha abrangência em todo o território imperial, sendo que o dispositivo constitucional foi regulamentado pela lei geral da instrução de 15 de outubro de 1827. Desse modo, a instrução primária era competência dos poderes gerais (que na República viria a ser *União*) e com o concurso das províncias. Vale saber que é por essa razão que é comemorado, nessa data, o Dia do Professor.

Retomando a cronologia que já estabelecida anteriormente, a fim de contextualizá-la no âmbito do SNE, seguimos neste capítulo sua rememoração e ampliação. Entrementes, em 1834, houve uma emenda constitucional, denominada Ato Adicional, que repassou a competência da instrução primária às províncias, ficando o ensino superior a cargo dos poderes gerais. Nessa mesma direção, houve uma divisão de impostos entre os poderes gerais e as províncias, que ficavam com uma parcela menor de recursos. Houve, portanto, uma descentralização de recursos e competências. Devido às condições gerais do país em matéria de comunicação e transportes, afora as condições sociais, essa descentralização ampliou as barreiras de acesso à escolaridade. Daí o caráter *tardio,* em nosso país, do acesso à educação escolar. Sequelas desse caráter *tardio* de uma escolaridade para todos ainda são perceptíveis até hoje. Uma delas é a denominada *dupla rede* de escolarização, seja administrativa, seja social. Assim, do ponto de vista administrativo, as primeiras letras ou instrução primária ficaram sob responsabilidade das províncias, enquanto o ensino secundário e superior sob os poderes gerais. E, do ponto de vista social, especialmente com o cativeiro e a pobreza dos não proprietários, havia uma enorme discriminação racial e seletividade social, de modo que a escolaridade acabava por atender apenas às classes privilegiadas e abastadas. Isso significou, então, uma *dupla rede* administrativa (poderes gerais e províncias) e uma *dupla rede* de grupos sociais. Esta, marcada pela desigualdade e pela discriminação, era profundamente excludente. Entretanto, essa rede excludente, formalmente sob o mesmo estatuto jurídico, se distinguia pela capacidade limitada de acesso aos grupos não proprietários e cativos. As escolas privadas abrangiam setores da elite imperial.

Apesar disso, houve propostas no Parlamento para que a então instrução primária (ou primeiras letras) tivesse uma efetiva presença dos poderes gerais, a fim de auxiliar as províncias na oferta da escolaridade primária. Caso elas tivessem ido adiante, a instrução primária seria competência cumulativa entre os poderes gerais e as províncias, inclusive para impor a obrigatoriedade dessa etapa, pois, como justificavam os propositores, o ler e o escrever seriam indispensáveis para uma nação que se queria civilizada. Mas essas propostas não foram adiante.

Com relação ao ensino secundário, aqui sim há atribuição de oferta tanto pelos poderes gerais quanto pelas províncias. Entretanto, havia um dispositivo relevante que importava na presença dos poderes gerais nessa etapa. Qual dispositivo? Trata-se da *equiparação* ao Colégio de Pedro II. Esse colégio, situado no Rio de Janeiro, era responsabilidade dos poderes gerais, até por estar situado na capital do país e ser uma instituição de referência. O diploma emitido por ele dava acesso ao ensino superior. Já os diplomas exarados pelas províncias, ou mesmo por instituições privadas, só poderiam dar acesso ao ensino superior caso adotassem os programas curriculares e o regimento do Pedro II, ou seja, caso fossem *equiparadas* ao Colégio de Pedro II. Assim, ainda que indiretamente, pelo estatuto da equiparação tem-se uma dimensão geral (nacional) e indireta para todo o Império.

Com a Proclamação da República, não houve, na Constituição de 1891, referência à gratuidade, deixando-a para a autonomia dos estados. Nesse sentido, pode-se dizer que os estados constituíram, cada qual, *seus* sistemas de ensino, especialmente voltados para o ensino primário e secundário. A *dupla rede* foi mantida, seja no âmbito administrativo, atendendo ao princípio federativo, seja na dualidade público/privado. O único dispositivo nacional, estabelecido pela Constituição Federal, foi o princípio da laicidade e, com isso, retirou-se o ensino religioso das escolas públicas, dada a separação da Igreja e do Estado em 1890.

Em 1921, houve uma Conferência Interestadual relativa ao ensino primário. Ela foi convocada pela União em vista da pressão das ligas nacionalistas e das estatísticas oficiais evidenciando a larga presença do analfabetismo. Desse modo, a União, em articulação com os estados, intenta promover diretrizes para, conjuntamente, acabar com o analfabetismo. Por falta de recursos financeiros, o processo, um embrião do que viria a ser o Fundef, não foi adiante.

A Revisão Constitucional de 1925/1926 não obteve sucesso em (re)estabelecer, em nível nacional, a gratuidade do ensino primário e nem estabelecer a sua obrigatoriedade.

Com a Revolução de 1930, Getúlio Vargas cria o Ministério dos Negócios da Educação e da Saúde Pública (Mesp); em 1931, é erigido o Conselho Nacional de Educação (CNE). A esse Conselho caberiam as diretrizes gerais de toda a educação, inclusive primária, e a indicação de maiores recursos financeiros para tal. Percebe-se que são entidades oficiais com vistas a uma dimensão nacional. Mesmo com tais órgãos, o ensino primário continuou sendo da alçada dos estados, dando sequência à longa história da *dupla rede*, administrativa de corte federativo e da existência da rede pública e privada, iniciadas no Ato Adicional de 1834.

A gratuidade com obrigatoriedade do ensino primário, etapa da educação escolar em nível nacional, só veio a se tornar como tal no capítulo de educação da Constituição de 1934. Atente-se que, essa Constituição estabelecia em seu art. 5º, XIV, que seria competência privativa da União "traçar as diretrizes da educação nacional". Também, o art. 9º facultava "à União e aos Estados celebrar acordos para melhor coordenação e desenvolvimento dos respectivos serviços e, especialmente, para a uniformização de leis". Ademais, o art. 151 e o art. 156 da Constituição indicavam a criação dos *sistemas de educação do Distrito Federal e dos estados.*

Precedendo a temática do SNE, sempre houve a assinalação de um Plano Nacional de Educação (PNE), ainda que sem apontar a existência de um sistema nacional. Os planos sempre consistiram em Plano Nacional e em Planos Estaduais. Esse foi o caso da Constituição de 1934, que incluiu o direito de todos e a obrigação dos poderes públicos na oferta desse ensino dentro de um Plano Nacional de Educação.

Para que tal se desse, houve uma importante movimentação de profissionais, artistas, escritores e jornalistas em prol de uma educação para todos, questionando tanto seletividade econômico-social existente, quanto a dispersão de iniciativas. Esse movimento da sociedade civil (que resultou no já citado Manifesto dos Pioneiros da Educação Nova) postulava, de um lado, não tornar a educação um campo de dispersão e de descontinuidade na oferta e, de outro, positivamente, a tê-la dentro de uma articulação entre os poderes públicos, sujeitos do dever da oferta. Com isso abrir-se-iam as portas da escola a contingentes mais amplos da população.

Desse modo, coube ao Conselho Nacional de Educação, por injunção da Constituição, a elaboração do Plano Nacional de Educação. O Plano foi gestado entre 1936 e 1937. Entretanto, por conta do golpe de Estado de 10 de novembro de 1937 que instituiu a ditadura do Estado Novo, o Plano foi esquecido, como já vimos.

Em 30 de janeiro de 1941, pelo Decreto nº 6.788, houve a convocação da Conferência Nacional de Educação e de Saúde cujo objetivo geral era:

> Iniciar o estudo das bases de organização de um programa nacional de educação, síntese dos objetivos da educação nacional e sistema dos meios de atingi-los pelo esforço comum da ação oficial e da iniciativa privada.

Entretanto, seja por conta da Segunda Guerra Mundial, seja por outras razões conjunturais de ordem política, esse objetivo não logrou êxito.

Vencida a ditadura do Estado Novo, aberta a Constituinte de 1946, houve a promulgação da Constituição de 1946. Ela retoma, em seu art. 5º, XV, d, "as diretrizes e bases da educação nacional como competência privativa da União", bem como vários dispositivos de 1934 no capítulo da educação, entre os quais a gratuidade, a obrigatoriedade do ensino primário e a vinculação constitucional de um percentual de impostos para o financiamento da educação. Neste capítulo, o termo *sistema* aparece sempre no plural ou com o pronome *cada* sistema, evidenciando a autonomia dos entes federativos.

As diretrizes e bases da educação nacional da Lei nº 4.024 de 1961 atribuíam ao Conselho Federal de Educação (CFE) a responsabilidade pela elaboração do Plano Nacional de Educação mediante a composição de Fundos de Educação: o do ensino primário, o do ensino secundário e o do superior. Tais fundos seriam constituídos tanto pela vinculação constitucional de impostos quanto por outros recursos. Bem elaborados, com a direção de Anísio Teixeira, eles não tiveram prossecução, devido ao golpe civil-militar de 1964.

Igualmente à ditadura do Estado Novo, a de 1964 também revogou o estatuto da vinculação constitucional de impostos para a educação. Ademais, a Constituição de 1967, sem a vinculação, ampliou o ensino primário para oito anos. Obviamente, isso trouxe consequências severas para a oferta da educação, dada a diminuição de recursos para o investimento na área. A Lei nº 5692/1971, alterando a Lei nº 4.024/1961, modificou a nomenclatura do então ensino primário de oito anos para ensino de primeiro grau. O ensino secundário passou a se denominar ensino de segundo grau, de caráter profissionalizante.

Esse esboço histórico, que já abordamos em outros capítulos, inclusive no de financiamento, deixa claro que houve uma *dupla rede* de educação.

Ela se materializou, administrativamente, pelo ensino primário (depois, ensino de primeiro grau) e secundário (depois, ensino de segundo grau), competência dos estados, e o ensino superior como atribuição da União. Mas essa dupla rede também se efetivou em outra dimensão. Trata-se da existência legal do ensino privado e do ensino público, sendo que, em ambos, havia uma grande seletividade de acesso, no primário pelo pagamento de matrículas e mensalidades, no segundo (até 1967) pela existência dos exames de admissão, realizados ao final do primário. Essa dualidade, público e privado, tem elos significativos com a seletividade social já apontada.

Excetuadas a gratuidade e a obrigatoriedade do ensino primário e a existência de órgãos com dimensão nacional, casos do Ministério da Educação e do Conselho Federal de Educação, não se pode falar em um sistema nacional de educação até a Emenda Constitucional nº 59/2009. No período entre 1961 até 1988, os Conselhos Estaduais tiveram grande importância na gestão de seus sistemas.

A CONSTITUIÇÃO FEDERAL DE 1988

A Constituição Federal de 1988 reconheceu o Brasil como uma República Federativa pela "União indissolúvel dos Estados e Município e do Distrito Federal" (art. 1º da Constituição). E essa União, segundo o art. 23, § único, deve se pautar pelo princípio da cooperação entre todos os entes federativos.

Esse novo modelo federado e cooperativo se regra por meio de competências privativas, competências concorrentes e competências comuns. As competências privativas da União estão previstas, sobretudo, nos arts. 21 e 22. O art. 23 lista as competências comuns cuja efetivação é tarefa de todos os entes federativos pois as finalidades nelas postas são de tal ordem que, sem o concurso de todos eles, elas não se realizariam.

As competências privativas dos estados estão listadas no art. 18, § 4º e no art. 25.

No art. 24 figuram as competências concorrentes entre a União, os estados e o Distrito Federal. É preciso observar que, nesse caso, são assuntos sobre os quais esses entes federativos podem legislar. O inciso IX diz ser matéria concorrente de todos educação, cultura, ensino e desporto.

Destaque-se, também, o que dizem os quatro parágrafos deste art. 24.

§ 1.º No âmbito da legislação concorrente, a competência da União limitar-se-á a estabelecer normas gerais.

§ 2.º A competência da União para legislar sobre normas gerais não exclui a competência suplementar dos Estados.

§ 3.º Inexistindo lei federal sobre normas gerais, os Estados exercerão a competência legislativa plena, para atender a suas peculiaridades.

§ 4.º A superveniência de lei federal sobre normas gerais suspende a eficácia da lei estadual, no que lhe for contrário.

Consoante esses parágrafos, sendo a educação uma matéria também de natureza concorrencial, a competência da União limita-se às normas gerais (§1º do art. 24), isto é, elas não podem ter um caráter exaustivo, deixando-se aos outros entes a complementação ou suplementação, no que couber (§ 2º do art. 24 e inciso II do art. 30). As competências privativas dos municípios são listadas no art. 30.

Assim, a Constituição Federal conta com um sistema de repartição de competências e atribuições legislativas entre os integrantes do sistema federativo, dentro de limites expressos, reconhecendo a dignidade e a autonomia próprias dos mesmos entes.

A insistência na cooperação, na divisão de atribuições, na assinalação de objetivos comuns com normas nacionais gerais indica que, nessa Constituição, a acepção de sistema se dá como sistema federativo por colaboração tanto quanto de Estado Democrático de Direito. No que se refere à educação propriamente dita, a Constituição de 1988 deixa claro, no art. 211, que a União, os estados e os municípios organizarão em regime de colaboração seus sistemas de ensino.

O art. 211, § 1º, aborda o regime de colaboração, no que toca à União, estabelecendo que ele detém um papel redistributivo, supletivo e equalizador com assistência técnica e financeira aos estados, ao Distrito Federal e aos municípios.

A educação é nacional porque se assenta em diretrizes e bases nacionais (inciso XXIV do art. 22) cuja elaboração é competência privativa da União. Também os arts. 206 e 208 explicitam, respectivamente, os princípios nacionais do ensino e os deveres do Estado para com a educação.

Importa retomar emendas constitucionais que foram tratadas nos capítulos sobre financiamento. Uma primeira em vista de maior articulação da oferta se deu com a subvinculação dos recursos por meio da Emenda Constitucional nº 14/1996, que promulgou o Fundo de Manutenção do Ensino Fundamental e de Valorização do Magistério (Fundef). Essa emenda foi regulamentada pela Lei nº 9424/1996, disciplinando o financiamento da educação e induzindo os municípios a assumirem o ensino fundamental em articulação com os estados. O fundo se estendeu para toda a educação básica mediante a Emenda nº 53/2006, estabelecendo percentuais diferenciados para todas as etapas e modalidades.

É somente com a Emenda nº 59/2009 que vai ser explicitado e formalizado esse regime de cooperação por meio da instituição do Sistema Nacional de Educação (SNE) articulado a um Plano Nacional de Educação. Essa emenda foi regulamentada pela Lei nº 13.005/2014, que estabelece o PNE com duração de 10 anos, para os quais se destinam 10 metas a serem alcançadas e inúmeras estratégias.

Em 2020, por conta de grande movimentação de órgãos estaduais, municipais, de associações e de organizações não governamentais, o Congresso aprovou a Emenda nº 108/2020 tornando o Fundeb permanente e ampliando o papel da União no financiamento da educação.

DO SISTEMA NACIONAL DE EDUCAÇÃO

A elaboração do Sistema Nacional de Educação iniciou-se no Senado, onde foi aprovado após uma tramitação muito participada. Dela resultou o Projeto de Lei nº 235/2020, que foi enviado à Câmara para posterior aprovação.

A proposta de um sistema nacional tem, como visto, uma longa história, cercada de polêmica e de oposição. De um lado, os que confundiam unidade com uniformidade, como os setores ligados ao setor privado, que, temendo um fantasma chamado monopólio da educação do Estado, fizeram grande objeção à sua existência. Os estados, receando a perda de autonomia federativa, também levantaram obstáculos. E o governo da União, temendo ser o "caixa-forte" dos recursos do sistema de modo a sustentá-lo às custas do erário público federal, também não se empenhou nesse sentido.

Com tais posições – alardeadas ou supostas –, a concepção que sempre postulou a unidade na diversidade ou a diversidade com unidade, próprias do federalismo e de maior democratização, teve que ir para defensiva. E assim não teve capacidade política para o devido consenso para essa posição. Ademais, havia que responder que a liberdade de ensino, própria do sistema privado, nunca esteve em perigo.

Entretanto, houve encaminhamentos no sentido da colaboração recíproca como, no caso da LDB, com o reconhecimento dos sistemas federativos (arts. 8 e 9, IV, IV-A, VI), fazendo da organização da educação nacional um sistema interfederativo por cooperação e colaboração recíprocas. Tal é o sentido do art. 211, com apoio no art. 23 e no art. 24 da Constituição.

Outro indicador importante é o § único do art. 11 da Lei de Diretrizes e Bases da Educação Nacional, Lei nº 9394/1996, pelo qual se dispõe: "Os Municípios poderão optar, ainda, por se integrar ao sistema estadual de ensino ou compor com ele um sistema único de educação básica". Curiosamente, quando trata dos sistemas estaduais e municipais, nesse artigo, se serve do adjetivo "único".

O Fundo de Manutenção e Desenvolvimento do Ensino Fundamental e de Valorização do Magistério (Fundef) foi instituído pela Emenda Constitucional nº 14, de setembro de 1996. Com ele, houve uma redistribuição dos recursos da educação entre estados e municípios. Essa emenda foi regulamentada pela Lei nº 9.424/1996 e pelo Decreto nº 2.264/1997.

Como o Fundef era focalizado no ensino fundamental, houve várias críticas, e por isso ele foi modificado para atender toda a educação básica. Tal se deu com a instituição do Fundo de Manutenção e Desenvolvimento da Educação Básica (Fundeb), regulamentado pela Lei nº 11.949/2007, como vimos no capítulo sobre a dinâmica do financiamento. Com isso, cresceu a consciência de que todos os entes federativos devem fazer o devido esforço fiscal para dar sustentação ao financiamento.

Além disso, a Conferência Nacional da Educação (Conae) colocou o Fórum Nacional da Educação como instância a estar presente no Plano Nacional de Educação. Desse modo, quando da tramitação do PNE no Parlamento, o conceito de Sistema Nacional de Educação foi introduzido na Emenda Constitucional nº 59/09, da qual resultou o PNE da Lei nº 13.005/2014. Eis o que diz o art. 13 dessa lei:

Art. 13. O poder público deverá instituir, em lei específica, contados 2 (dois) anos da publicação desta Lei, o Sistema Nacional de Educação, responsável pela articulação entre os sistemas de ensino, em regime de colaboração, para efetivação das diretrizes, metas e estratégias do Plano Nacional de Educação.

Pois bem, a lei do sistema deveria ter sido votada até junho de 2016. Com o impedimento da presidente Dilma Rousseff, em 2016, e assunção de Michel Temer à Presidência, o Plano Nacional de Educação ficou em segundo plano e essa injunção de dois anos não se efetivou. Com o incumbente da presidência da República, eleito em 2018, seja o PNE como um todo, seja a lei que deveria montar o SNE, houve uma omissão no seu encaminhamento. Apesar disso, há alguns pontos que foram adiante. Um deles é a exigência constitucional de uma lei complementar, posta no § único do art. 23, visando o bem-estar social, mediante a cooperação interfederativa, entendida, a partir da Emenda nº 59/09, como a necessidade de uma institucionalização formalizada no SNE e no PNE.

O SNE pode vir a ser o caminho da reconstrução da educação nacional, demolida pelo trágico drama perpetrado pelo governo federal eleito em 2018. Mais do que descontinuidade e dispersão, os termos que melhor expressam a situação ocorrida é o drama de uma demolição do direito à educação, direito juridicamente protegido. Espera-se que o Congresso Nacional venha a concluir a redação do Sistema de tal modo que ele se constitua na via efetiva de uma educação de qualidade para todos.

O projeto em curso eleva a educação a um nível de coordenação nacional que se aproxima do já existente no Sistema Único de Saúde, no Sistema Único de Assistência Social e no Sistema Único de Segurança Pública. Observe-se que, na educação, trata-se de um sistema nacional, e não um sistema único, sendo que o nacional sempre foi apontado para que não se confundisse *único* com *uniforme* e se ressaltasse o componente federativo.

O Sistema Nacional de Educação tem seu fundamento na versão original da Constituição Federal de 1988, sendo mais explicitado na Emenda Constitucional nº 59/09. Graças ao sistema federativo lá disposto, postula-se um *sistema coordenado* entre os quatro entes federativos e que, pleonasticamente, pode-se afirmar *coordenação articulada e intencional.*

Entrementes, a prática tem sido a de um federalismo em que a colaboração ainda é menor do que o espírito da Constituição, daí resultando uma coordenação ainda por se fazer com a participação dos entes federativos. A proposta do SNE é o oposto: máxima colaboração com alta coordenação articulada. Nesse sentido, o SNE deve clarear suas diretrizes pondo em evidência um alinhamento harmônico e diversificado das políticas educacionais entre os entes federativos. Busca-se a cooperação mútua com padrões nacionais e federativos de qualidade. Nesse sentido, há uma recusa à uniformidade e à dispersão. O SNE, sistema dos sistemas federativos, acolhe *a diversidade na unidade* como já previa o Manifesto dos Pioneiros da Educação Nova, de 1932, e o "Uma vez mais convocados", de 1959, a Carta de Goiânia e a Constituição de 1988. Para que tal se dê, o SNE, já tendo sido positivado por meio de sua *existência legal,* necessita ganhar uma *consistência real* de uma política de Estado de modo que os entes federados possam geri-lo, executá-lo, mediante políticas educacionais de Estado, com capacidade política e financeira.

Nesse sentido caminham os parágrafos do art. 7º do PNE: a instituição das instâncias sob a forma de comissões. A Comissão Tripartite de Educação (CITE), de caráter ao mesmo tempo *nacional* e *federativa,* visando uma atuação conjunta e partilhada, tem a tarefa de uma coordenação nacional. A Comissão Bipartite de Educação (CIBE) é a instância que articula os estados com os municípios dentro de um planejamento regional. E há também os Arranjos de Desenvolvimento da Educação (ADE) entre os municípios.

Tais instâncias são fundamentais para a reconstrução e o futuro (desde já) da educação nacional. Daí a importância de sua composição e de suas diretrizes para que a coordenação (*ordenar com*) se paute pelo princípio da gestão democrática e para que, auscultando as capacidades políticas, possa sanar as urgências advindas do desmonte havido e lançar caminhos reais e factíveis de um novo PNE, com um Planejamento que traga o *passo a passo* estratégico das políticas de educação.

A participação da sociedade civil, para além das Instâncias, será possível pela Comissão de Assessoramento Normativo (CAN), que, mesmo consultiva, terá um papel importante.

A articulação formal entre estados e municípios será essencial para uma educação básica de qualidade. Esse é um ponto muito importante para políticas integradas sob regime de cooperação, dado o crucial papel desses entes no âmbito da educação básica.

Sabe-se que as competências dos e entre os entes federativos é complexa, a coordenação é baixa e a colaboração é exígua. Além disso, a não efetivação vem se dando por conta de uma histórica descontinuidade e pelas disparidades regionais, afora as dimensões pouco equitativas também em aspectos culturais. Ao invés de uma lógica do imediatismo, o direito à educação postula uma política de longo prazo para que dê resultados consistentes.

O SNE é, além de um *sistema dos sistemas,* uma combinação virtuosa entre PNE e LDB. Se o PNE é sobretudo financeiro, operacional no acesso e no tratamento, a LDB deve velar pela organização pedagógica por cujo êxito deve haver um Conselho Nacional de Educação (CNE).

O SNE é uma oportunidade de, finalmente, instituir, de fato, uma política de Estado que se traduza em um Plano Nacional de Educação que seja viável, factível, de recorte democrático e que, com capacidade política e financeira, possa garantir o direito à educação com ampla coordenação e alta colaboração, ao contrário do que vige hoje. Isso pode evitar o constante fracasso dos PNE, a histórica descontinuidade das políticas e fazer do Parlamento e da sociedade atores que, atuando contra a dispersão de esforços, venham complementar a formulação e implementação de políticas sólidas de educação.

Gestão democrática

Um dos aspectos mais renovadores trazidos pela Constituição da República Federativa do Brasil de 1988 foi o estabelecimento de *princípios* do ensino, postos no art. 208. Entre outros, já assinalados neste livro em outros capítulos, há o inciso VI que reza: "gestão democrática do ensino público, na forma da lei". Esse inciso combina com o caráter geral da Constituição cujo solene preâmbulo estabelece:

> Nós, representantes do povo brasileiro, reunidos em Assembleia Nacional Constituinte para instituir *um Estado Democrático*, destinado a assegurar o exercício dos direitos sociais e individuais, a liberdade, a segurança, o bem-estar, o desenvolvimento, a igualdade e a justiça como valores supremos de uma sociedade fraterna, pluralista e sem preconceitos, fundada na harmonia social e comprometida, na ordem interna e internacional, com a solução pacífica das controvérsias, [...]. (Grifos nossos).

Um *Estado Democrático* é tanto um *Estado de Direito*, pelo qual *todos são iguais perante a lei*, quanto um Estado no qual se postula a participação da cidadania pelas eleições e pelo voto. Há um espírito de participação na Constituição que começa no próprio art. 1, quando se dispõe no § único: "Todo o poder emana do povo, que o exerce por meio de representantes eleitos ou diretamente, nos termos desta Constituição".

Os termos estabelecidos são a iniciativa popular, o referendo e o plebiscito. A iniciativa popular permite aos cidadãos, na forma da lei, projetos de lei a fim de tramitarem no Congresso. O plebiscito, outro modo de consulta popular, é convocado *antes* da tramitação de um projeto de lei no Congresso. Já o referendo é uma forma de aprovar ou não uma legislação em curso. O importante aqui é ir pontuando um modo de ativar a cidadania. Vejam-se outros pontos na sequência. A *cidadania* é um dos *fundamentos* de nossa República pelo art. 1, e o art. 205 da Constituição, o artigo básico da educação, diz:

> A educação, direito de todos e dever do Estado e da família, será promovida e incentivada com a colaboração da sociedade, visando ao pleno desenvolvimento da pessoa, seu preparo para *o exercício da cidadania* e sua qualificação para o trabalho. (Grifos nossos).

A cidadania, para além do voto, é a capacidade de participação nos destinos de uma nação, cujo exercício implica conhecimento, crítica e prática. Tanto é assim que, no financiamento da educação, como já visto, há várias formas de controle do investimento público para que a destinação seja a pertinente *à manutenção e ao desenvolvimento da educação.*

Entre elas, há o Conselho de Acompanhamento e Controle Social do Fundeb, colegiado de representação social no qual a sociedade civil tem importante papel no que concerne à distribuição, transferência e aplicação dos recursos do Fundo. Essas matérias estão sujeitas ao art. 37 da Constituição, o qual no *caput* dispõe:

> Art. 37. A administração pública direta e indireta de qualquer dos Poderes da União, dos Estados, do Distrito Federal e dos Municípios obedecerá aos princípios de legalidade, impessoalidade, moralidade, publicidade e eficiência [...].

Esses princípios proíbem a promoção pessoal de gestores (impessoalidade) por atos que impliquem favorecimento pessoal, nepotismo e busca de fins pessoais em desfavor de finalidades públicas. A legalidade implica o devido conhecimento e o respeito às leis, obedecendo a igualdade perante a lei. Os princípios éticos de respeito aos docentes, de reconhecimento da dignidade da pessoa humana estão presente no princípio da moralidade. O segredo é o oposto da publicidade, no âmbito do serviço público. Finalmente, é preciso que haja um esforço coletivo no sentido de buscar as melhores vias de obtenção da qualidade do serviço público, no caso, da educação.

E há outras formas de participação como a convocação da sociedade civil na montagem dos Planos de Educação, por meio das Conferências Nacionais (Estaduais e Municipais) de Educação. Veja-se, por exemplo, o seguinte artigo do Plano Nacional de Educação, Lei nº 13.005/2014:

> Art. 6º A União promoverá a realização de pelo menos 2 (duas) conferências nacionais de educação até o final do decênio, precedidas de conferências distrital, municipais e estaduais, articuladas e coordenadas pelo Fórum Nacional de Educação, instituído nesta Lei, no âmbito do Ministério da Educação.
>
> § 1º O Fórum Nacional de Educação, além da atribuição referida no *caput*:
>
> I - acompanhará a execução do PNE e o cumprimento de suas metas;
>
> II - promoverá a articulação das conferências nacionais de educação com as conferências regionais, estaduais e municipais que as precederem.
>
> § 2º As conferências nacionais de educação realizar-se-ão com intervalo de até 4 (quatro) anos entre elas, com o objetivo de avaliar a execução deste PNE e subsidiar a elaboração do plano nacional de educação para o decênio subsequente.

Já a Meta 19 do PNE é voltada para a gestão democrática. Importa vê-la na sua inteireza, dada sua importância tanto para os gestores das administrações quanto para os gestores das instituições e o respectivo corpo docente:

> Meta 19: assegurar condições, no prazo de 2 (dois) anos, para a efetivação da gestão democrática da educação, associada a critérios técnicos de mérito e desempenho e à consulta pública à comunidade escolar, no âmbito das escolas públicas, prevendo recursos e apoio técnico da União para tanto.

Estratégias:

19.1) priorizar o repasse de transferências voluntárias da União na área da educação para os entes federados que tenham aprovado legislação específica que regulamente a matéria na área de sua abrangência, respeitando-se a legislação nacional, e que considere, conjuntamente, para a nomeação dos diretores e diretoras de escola, critérios técnicos de mérito e desempenho, bem como a participação da comunidade escolar;

19.2) ampliar os programas de apoio e formação aos (às) conselheiros (as) dos conselhos de acompanhamento e controle social do Fundeb, dos conselhos de alimentação escolar, dos conselhos regionais e de outros e aos (às) representantes educacionais em demais conselhos de acompanhamento de políticas públicas, garantindo a esses colegiados recursos financeiros, espaço físico adequado, equipamentos e meios de transporte para visitas à rede escolar, com vistas ao bom desempenho de suas funções;

19.3) incentivar os Estados, o Distrito Federal e os Municípios a constituírem Fóruns Permanentes de Educação, com o intuito de coordenar as conferências municipais, estaduais e distrital bem como efetuar o acompanhamento da execução deste PNE e dos seus planos de educação;

19.4) estimular, em todas as redes de educação básica, a constituição e o fortalecimento de grêmios estudantis e associações de pais, assegurando-se-lhes, inclusive, espaços adequados e condições de funcionamento nas escolas e fomentando a sua articulação orgânica com os conselhos escolares, por meio das respectivas representações;

19.5) estimular a constituição e o fortalecimento de conselhos escolares e conselhos municipais de educação, como instrumentos de participação e fiscalização na gestão escolar e educacional, inclusive por meio de programas de formação de conselheiros, assegurando-se condições de funcionamento autônomo;

19.6) estimular a participação e a consulta de profissionais da educação, alunos (as) e seus familiares na formulação dos projetos político-pedagógicos, currículos escolares, planos de gestão escolar e regimentos escolares, assegurando a participação dos pais na avaliação de docentes e gestores escolares;

19.7) favorecer processos de autonomia pedagógica, administrativa e de gestão financeira nos estabelecimentos de ensino;

19.8) desenvolver programas de formação de diretores e gestores escolares, bem como aplicar prova nacional específica, a fim de subsidiar a definição de critérios objetivos para o provimento dos cargos, cujos resultados possam ser utilizados por adesão.

Um dos primeiros aspectos que chama a atenção na Meta 19 é a inserção de critérios técnicos que se somam à participação da comunidade escolar em processo de consulta pública. O que se está discutindo nesse âmbito é que um dos componentes dessa dimensão da qualidade da educação – a gestão democrática – deve considerar a formação técnica do futuro gestor. Ou seja, para além de se garantir que a comunidade escolar, por meio de seus muitos representantes, participe efetivamente da escolha dos candidatos à gestão educacional, é preciso certificar que esses candidatos tenham conhecimento de gestão escolar, por isso, a inclusão do fator técnico e de mérito.

Os dados do Censo Escolar de 2020, por exemplo, nos mostram que 65% dos diretores de escolas municipais foram escolhidos por indicação política e apenas 4,4% delas garantiram processo seletivo qualificado, acompanhado de consulta à comunidade.

Embora a Meta 19 seja de 2014, os dados do Censo de 2020 nos permitem afirmar que houve pouco avanço neste aspecto da gestão democrática.

A Meta 19 ainda previa, como uma de suas estratégias, o estímulo a grêmios estudantis, conselhos escolares, conselhos de educação, conselhos de controle social e de acompanhamento dos recursos, incentivo a conferências e "que considere, conjuntamente, para a nomeação dos diretores e diretoras de escola, critérios técnicos de mérito e desempenho, bem como a participação da comunidade escolar".

Os dados de 2018, do IBGE/MUNIC, nos mostram que houve um aumento na constituição de conselhos escolares no país, em todos os municípios, de diferentes faixas populacionais. Nos municípios de até 5 mil habitantes, por exemplo, o percentual de conselhos municipais de educação passou de 85,7% em 2014 para 92,2% em 2018. Nos municípios com mais de 500 mil habitantes e nas capitais, esse percentual alcança os 100%.

Obviamente, a existência em si do Conselho não responde, a rigor, pela sua qualidade. Contudo, parece não haver dúvidas de que o exercício da cidadania implica uma gestão democrática e participativa no âmbito da educação.

Outro ponto importante se refere ao federalismo. Como visto em capítulo anterior, o federalismo brasileiro foi assinalado como sendo de *colaboração,* ou um federalismo cooperativo. Ora, seja pela *cooperação* do art. 23, parágrafo único, seja pelo *sistema de colaboração* do art. 211, o que subjaz a esses substantivos é um trabalho em comum que dentro do espírito da Constituição implica o diálogo, a participação, ainda que precedidos de dissensos. Vale dizer, o federalismo cooperativo tem um recorte democrático. E é dentro desse federalismo que os Conselhos são chamados a colaborar com o aperfeiçoamento da educação. Veja, por exemplo, a Lei nº 9131/1995, que instituiu o Conselho Nacional de Educação, alterando a Lei nº 4.024/1961, dispondo:

> O Conselho Nacional de Educação, composto pelas Câmaras de Educação Básica e de Educação Superior, terá atribuições normativas, deliberativas e de assessoramento ao Ministro de Estado da Educação e do Desporto, *de forma a assegurar a participação da sociedade no aperfeiçoamento da educação nacional.* (Grifos nossos).

Essa chamada à participação se dá, por exemplo, por meio de audiências públicas, visando ouvir interessados, especialistas, associações científicas e profissionais no estabelecimento de diretrizes da educação. E de onde nasceu esse pleito de gestão democrática na educação?

O golpe civil-militar de 1964, seja pela sua forma autoritária de comandar os destinos da nação, seja pelo modo vertical de estabelecer programas e políticas econômicas e sociais, também se desdobrou assim no âmbito da educação. Desse modo, muitas políticas e programas educacionais se fizeram "de cima para baixo", sem participação, e atingiram o interior da escola por meio de um tecnicismo pedagógico e pelo medo de se expressar. Pode-se dizer que o medo se impôs sobre o respeito, a obediência sobre o diálogo e o dever sobre o direito. E o autoritarismo era uma espécie de pano de fundo no interior das escolas.

Quando a sociedade civil se moveu em direção à democratização, contestando o autoritarismo do regime instalado pela força, houve uma grande participação do corpo docente, por meio de novas formas de organização, seja em vista de um novo ordenamento jurídico em bases democráticas, seja em função de um capítulo renovado da educação quando da instauração do processo constituinte.

Desse modo, várias associações docentes se irmanaram com o Fórum de Educação na Constituinte em Defesa do Ensino Público e Gratuito – grupo ligado à escola pública –, entre as quais a Confederação dos Professores Públicos do Brasil (CPB), entre outros. Esse Fórum manteve-se presente na Constituinte, com grande força nas Comissões Sub-Temáticas, por meio de contatos com parlamentares, participando das audiências públicas e participando do dia a dia da Constituinte, com o objetivo de apoio parlamentar para as suas propostas. Entre as propostas estava a da gestão democrática nas escolas. Essa proposta não fazia distinção entre o público e o privado.

E como a Constituinte era um espaço plural, havia também a Federação Nacional das Escolas Particulares (Fenen) e a Associação das Escolas Católicas (AEC), que defendiam pontos próprios de suas pautas. E quando da discussão da gestão democrática, ambas se puseram contra, argumentando que a liberdade de ensino tinha como base a propriedade. Nas negociações havidas em torno do capítulo da educação como um todo, a redação final foi a da gestão democrática no ensino público, na forma da lei.

A lei que explicitou um pouco mais o sentido da gestão democrática foi a das Diretrizes e Bases da Educação Nacional, Lei nº 9.394/1996, cujo art. 3 assim se expressa:

> Art. 3º O ensino será ministrado com base nos seguintes princípios:
> [...]
> VIII - gestão democrática do ensino público, na forma desta Lei e da legislação dos sistemas de ensino;

Isso quer dizer que, segundo a redação dada, cabe aos sistemas de ensino (federal, estaduais, distrital e municipais), no exercício de sua autonomia, elaborar uma legislação sobre esse assunto.

Ademais, a LDB se pronunciou sobre o assunto em outro artigo, estabelecendo princípios para a gestão democrática, com indicação nacional.

A gestão democrática, inserida como princípio no art. 3º da LDB, é encaminhada para os entes subnacionais no art. 14, dispondo sobre sua efetivação:

> Art. 14. Lei dos respectivos Estados e Municípios e do Distrito Federal definirá as normas da gestão democrática do ensino público na educação básica, de acordo com as suas peculiaridades e conforme os seguintes princípios: (Redação dada pela Lei nº 14.644, de 2023)
>
> I - participação dos profissionais da educação na elaboração do projeto pedagógico da escola;
>
> II – participação das comunidades escolar e local em Conselhos Escolares e em Fóruns dos Conselhos Escolares ou equivalentes. (Redação dada pela Lei nº 14.644, de 2023)
>
> § 1º O Conselho Escolar, órgão deliberativo, será composto do Diretor da Escola, membro nato, e de representantes das comunidades escolar e local, eleitos por seus pares nas seguintes categorias: (Incluído pela Lei nº 14.644, de 2023)
>
> I – professores, orientadores educacionais, supervisores e administradores escolares; (Incluído pela Lei nº 14.644, de 2023)
>
> II – demais servidores públicos que exerçam atividades administrativas na escola; (Incluído pela Lei nº 14.644, de 2023)
>
> III – estudantes;   (Incluído pela Lei nº 14.644, de 2023)
>
> IV – pais ou responsáveis; (Incluído pela Lei nº 14.644, de 2023)
>
> V – membros da comunidade local. (Incluído pela Lei nº 14.644, de 2023)
>
> § 2º O Fórum dos Conselhos Escolares é um colegiado de caráter deliberativo que tem como finalidades o fortalecimento dos Conselhos Escolares de sua circunscrição e a efetivação do processo democrático nas unidades educacionais e nas diferentes instâncias decisórias, com vistas a melhorar a qualidade da educação, norteado pelos seguintes princípios: (Incluído pela Lei nº 14.644, de 2023)

I – democratização da gestão;   (Incluído pela Lei nº 14.644, de 2023)

II – democratização do acesso e permanência; (Incluído pela Lei nº 14.644, de 2023)

III – qualidade social da educação. (Incluído pela Lei nº 14.644, de 2023)

§ 3º O Fórum dos Conselhos Escolares será composto de: (Incluído pela Lei nº 14.644, de 2023)

I – 2 (dois) representantes do órgão responsável pelo sistema de ensino; (Incluído pela Lei nº 14.644, de 2023)

II – 2 (dois) representantes de cada Conselho Escolar da circunscrição de atuação do Fórum dos Conselhos Escolares. (Incluído pela Lei nº 14.644, de 2023)

Portanto, se a gestão democrática implica *o ensino público na educação básica*, seria incongruente que a elaboração dessas *normas* viesse a ser feita à luz do argumento de autoridade ou sem o exercício da consulta que valha tanto para a administração central, respeitados parâmetros legais, quanto para os estabelecimentos públicos de ensino.

Nesse sentido, cabe indagar se os Conselhos Estaduais de Educação e se os Conselhos Municipais de Educação estabeleceram normas a esse respeito. O art. 14 já citado contém um espírito coletivo e dialógico e é uma incitação a efetivar, de modo similar ao que está disposto nos arts. 12 e 13 da LDB:

Art. 12. Os estabelecimentos de ensino, respeitadas as normas comuns e as do seu sistema de ensino, terão a incumbência de:

I - elaborar e executar sua proposta pedagógica;

[...]

VI - articular-se com as famílias e a comunidade, criando processos de integração da sociedade com a escola

Art. 13. Os docentes incumbir-se-ão de:

I - participar da elaboração da proposta pedagógica do estabelecimento de ensino;

[...]

VI - colaborar com as atividades de articulação da escola com as famílias e a comunidade.

Portanto, há uma dimensão da gestão democrática, muito significativa, que é a articulação com as famílias dos estudantes e com a comunidade. A articulação com as famílias se dá por meio de conselhos, por exemplo, de pais, docentes e gestores. Obviamente, essa articulação não atinge o núcleo profissional dos docentes relativamente às diretrizes curriculares, conquanto informações sobre elas sejam muito importantes. E, tradicionalmente, faz parte desse processo possibilitar informações sobre o desempenho dos alunos. O bom relacionamento com a comunidade do entorno da escola também faz parte dessa articulação.

Mas a LDB abre mais uma oportunidade de se verificar outro lado da gestão democrática na interface do projeto pedagógico da escola e o já citado art. 3 quando estabelece os seguintes incisos: II - liberdade de aprender, ensinar, pesquisar e divulgar a cultura, o pensamento, a arte e o saber; III - pluralismo de ideias e de concepções pedagógicas; IV - respeito à liberdade e apreço à tolerância.

Aqui, há teor negativo e positivo. Como negativo, no sentido de uma recusa, não acata o monopólio de uma ideia e de uma concepção que se coloque como sendo *a* verdade. Ou seja, uma espécie de "reserva da verdade", como ditaduras e outras formas de se julgar "dona da verdade". Como conceito positivo, abre-se a uma circulação de ideias e de concepções, portanto no plural. É o campo da diversidade de posições, cujos pontos de vistas são objeto de debates e de aproximações e divergências. E isso se aproxima da democracia como lugar de um embate entre posições, com respeito à liberdade do outro e *apreço à tolerância,* atitudes próprias de uma gestão assim identificada.

Há, então, muitas formas de realizar uma gestão democrática. A gestão democrática implica um processo em que a participação, via Conselhos e Colegiados, ocupa um papel significativo. Essa participação é um modo de crescimento de uma sociedade democrática, finalidade precípua da educação.

Ao lado disso, espera-se dos gestores uma capacidade de liderança compartilhada em que haja uma gestão *concreta.* O que quer dizer concreta? Não se trata de tomá-la apenas no sentido mais convencional de palpável. Trata-se de tomá-la na sua expressão etimológica do latim: *cum-crescere,* ou seja, *crescer com, crescer junto.* Esse *crescer junto* se conecta, por sua vez, com a origem etimológica do termo *gestor*. Esse termo advém do latim *gero, gerere* e que quer dizer *gerar*. Gerar, no seu sentido mais profundo, significa trazer algo de novo, partejar uma nova realidade, no caso, a incessante busca da educação de qualidade por meio de outro modo de gerir a coisa pública, isto é, um modo republicano que contém em si trabalho coletivo, representação, liderança, tendo o diálogo como fundamento e método.

Esse processo não está restrito às unidades escolares. Ele atinge os sistemas de ensino e a própria relação entre Estado e sociedade, desconstruindo relações autoritárias e construindo relações democráticas em vista do *pleno desenvolvimento da pessoa*.

Qualidade em educação

Não é incomum ouvirmos afirmações do tipo "escola boa era a do passado, meus pais aprenderam a ler, escrever e fazer contas apenas com o ensino primário". Mas o que esse tipo de declaração nos informa sobre escola de qualidade ou escola "boa"? Um dos primeiros aspectos que podemos interpelar em afirmações como essa é o que se está considerando como "boa", o que significa escola boa nesse contexto.

Uma possível resposta é a escola em que todos aprendiam. Mas essa resposta nos obriga a indagar quem são esses "todos" que aprendiam. Somente assim podemos começar a delinear uma primeira concepção do que seja qualidade em educação, que é o acesso do estudante à escola.

A educação básica pública floresce no Brasil sob o signo da exclusão. Ou seja, não eram a classe trabalhadora ou as famílias mais empobrecidas os primeiros grupos a ocuparem as salas de aula da educação pública. Ao contrário de países vizinhos como Argentina ou mais distantes como a França, o padrão de segregação entre camadas populares e médias não marcou a educação pública.

Embora não houvesse em terras brasileiras barreiras formais que impedissem o acesso dessas populações às salas de aula, os primeiros a ocuparem os bancos das escolas foram os filhos da classe média, de professores, profissionais liberais, bancários, jornalistas. Isso porque a escola pública era entendida como um local à altura desse público. A ideia de que a escola pública era de qualidade está vinculada à clientela que a frequentava. Ao se afirmar que naquela escola todos aprendiam, esquece-se de indagar qual camada social que a frequentava e o capital cultural que traziam de casa. A qualidade ali propagada decorria mais das experiências extraescolares do que propriamente o valor que a escola agregava aos estudantes.

Esses grupos, vindos de famílias com alto capital cultural, tinham na escola apenas um prolongamento das experiências que já possuíam no âmbito de suas casas. Ou seja, a aprendizagem a que muitos se referem de modo saudosista não resultava predominantemente de estratégias ou políticas intraescolares, mas a fatores que antecediam a escola. E estava disponível a um número reduzido de estudantes, se considerado o universo dos elegíveis para cada uma das etapas da educação básica.

Portanto, aquela escola em que todos aprendiam no passado é uma escola que estava longe de ser para *todos*, e, assim não sendo, não é possível afirmar que ela era de qualidade.

Uma das primeiras dimensões quando se pensa em qualidade da educação no Brasil precisa levar em conta o acesso, já que nós só conseguimos a necessária democratização da escola ao fim do século XX.

Essa acertada democratização, ao invés de ser compreendida como um dos primeiros passos para a educação de qualidade ou a qualidade em educação, foi vista de outra forma.

A chegada da população empobrecida economicamente à escola foi lida pelas camadas médias da sociedade como o fator responsável pela queda de qualidade da escola pública. De um lado, a reestruturação da política educacional não foi pensada de modo atender aos novos estudantes, com novo perfil socioeconômico. De outro, responsabilizam-se os estudantes e sua condição pela queda da qualidade do ensino.

Outro aspecto central nesse debate da democratização como qualidade diz respeito às possibilidades de participação das famílias desses estudantes na escola. A universalização do ensino, especialmente no ensino fundamental, ocorreu simultaneamente à complexificação da educação, em termos institucionais. Esse movimento levou a que estratégias importantes como a participação das famílias, especialmente, as mais empobrecidas, se tornassem um grande desafio para a democratização política das escolas.

Muitas famílias, àquela altura, não tinham podido frequentar a escola e não possuíam, por isso mesmo, os saberes escolares e o capital informacional necessários para operar no interior dessas instituições. Afinal, esses saberes são construídos exatamente nesses espaços.

É claro que não se está colocando em questão a capacidade das famílias atuarem politicamente sobre a educação dos filhos. Chama a atenção a possibilidade de elas deterem os códigos escolares necessários de modo a terem uma participação mais efetiva sobre temas como currículos escolares, avaliações e o próprio projeto político pedagógico.

Somado a isso, é preciso considerar outro fator, como já discutido pelo professor e pesquisador Luciano Mendes, que é a saída da classe média da escola pública quando ocorre sua democratização. O problema dessa saída relaciona-se ao fato de que as famílias com mais condições materiais para fazer o debate sobre qualidade em educação, até mesmo por terem maiores trajetórias de escolarização formal, passam a fazê-lo a partir de outro lugar: da escola do outro.

Ou seja, a classe média passa a debater a educação dos filhos das famílias empobrecidas que ficaram nas escolas públicas, e das quais não fazem parte, já que haviam tirado seus filhos da escola pública e os levado para a escola privada, sob o argumento de que aquela havia perdido a qualidade.

A saída da classe média da escola pública ainda teve outros efeitos sobre a sua qualidade, como a coesão social. Sabemos todos que o conhecimento é produzido também pela interação entre os diferentes sujeitos e pela qualidade dos padrões de sociabilidade que são produzidos pela e na escola.

Mesmo assim, com todos esses percalços, é possível dizer que esse primeiro movimento em direção à qualidade da educação brasileira, entendida como acesso às instituições públicas de ensino, tem sido bem-sucedida, pelo menos na fase do ensino fundamental.

O Brasil possui atualmente 96,3% de crianças de 6 a 14 anos frequentando ou concluído o ensino fundamental, de acordo com o Painel de Monitoramento do PNE, com dados de 2022.

É óbvio que ainda precisamos lidar com essa dimensão da qualidade nas etapas da educação infantil e ensino médio. Na creche, por exemplo, apenas 37,3% das crianças de 0 a 3 anos estão sendo atendidas. Esse percentual tem uma queda acentuada quando se consideram as regiões brasileiras, como o Norte do país, no qual em alguns estados a oferta de creche não alcança 10% de atendimento.

Na outra ponta do sistema, última etapa da educação básica, o ensino médio também apresenta desafios para a qualidade como acesso. O Brasil conta atualmente com 76,7% de estudantes de 15 a 17 anos cursando o ensino médio ou que completaram a educação básica.

Acompanhando o comportamento da creche, também o ensino médio apresenta variações regionais expressivas apontando para desigualdades de acesso.

TRAJETÓRIA ESCOLAR COMO QUALIDADE

O acesso à escola, conforme se disse, é apenas uma das dimensões que constitui uma educação de qualidade. O segundo aspecto que precisa ser considerado diz respeito à trajetória escolar. Isso significa que, além de ter a matrícula garantida, é necessário que os estudantes frequentem a escola, permaneçam nela e, principalmente, tenham aprendizagens significativas.

Ou seja, a trajetória escolar exige de nós um olhar disposto a reconhecer que o dever do Estado à garantia só é plenamente cumprido quando a vaga é garantida, mantém-se no sistema dentro da idade adequada à série, sem reprovação, e aprende o que é definido como currículo, ou seja, alcança-se um resultado.

Pensada nesses termos, a dimensão da qualidade como trajetória escolar precisa ainda ser objeto de atenção dos gestores e da própria concepção do que seja socialmente referendada.

Seria uma referência social a escola que reprova como no Brasil? Ou que ainda convive com taxas consideráveis de evasão escolar? A resposta a essas questões é, obviamente, "não".

Pode-se dizer que a universalização da educação básica no Brasil se deu de modo lento e tardio, se pensarmos em termos de um tempo considerado ideal para que ela ocorresse. Os nossos vizinhos latino-americanos, como a Argentina, Uruguai e Chile, no início do século XX já contavam com mais de 60% de alfabetizados, enquanto nós possuíamos apenas 25%. A instrução primária, no Brasil, veio se estruturando nos estados, com duração de 2 a 5 anos, especialmente após a Proclamação da República. Em nível nacional, a imposição da gratuidade e da obrigatoriedade para todo o país, em 4 anos, se deu a partir do capítulo de Educação da Constituição de 1934. E a escolaridade mínima obrigatória de 8 anos foi disposta na Constituição de 1967 e confirmada em 1971. A partir de 2009, com a Emenda Constitucional nº 59/2009, a educação básica de 4 a 17 anos passou a ser obrigatória e gratuita.

O rendimento, porém, ainda está por se consolidar. Houve esforços de gestores nas últimas décadas no sentido de reduzir os altos índices de reprovação, ainda convivemos com percentuais altos em algumas séries e etapas, como no ensino médio, além de não termos conseguido ainda incidir nos processos de melhora de ensino e aprendizagem. Ou seja, mesmo não reprovando, os resultados em termos de aprendizagem ainda são pífios.

Isso significa que ainda convivemos com alto índice de reprovação de estudantes no ensino brasileiro, que diminui ou aumenta de acordo com características regionais e atributos étnico-raciais, mas também oscilam conforme a série em que o estudante se encontra. Somado a isso, a baixa aprendizagem medida em avaliações externas, conforme se tratou no capítulo "A avaliação educacional".

Tomando os dados do Inep de 2019, que ainda não estavam contaminados pela pandemia de covid-19, por exemplo, se observa que se a taxa de reprovação no 1º ano do ensino fundamental é de 1,0%, ela aumenta quase 700% na 3ª série, alcançando 9,6% nesta fase da educação básica pública.

A transição para os anos finais do ensino fundamental, que começa com o 6º ano, é sensivelmente traumática. Logo no primeiro ano escolar nessa fase, a escola pública reprova 11,6% dos estudantes e outros 10,2% na série seguinte (7º ano). Os índices não têm redução significativa em nenhuma das séries/anos do ensino fundamental II, chegando ao 9º ano com 6,4%.

O ensino médio é um pouco mais desolador, haja vista que já acumula um fracasso em termos de acesso, conforme já discutido. Além de baixa matrícula, os índices de 2019 mostram uma reprovação chegando a 14,5% de estudantes no primeiro ano e 6,8% de abandono.

É possível notar que, com exceção da 1ª série do ensino fundamental, todas as séries que representam transição, como 6º ano ou 1º ano do ensino médio, são marcadas por alto índice de reprovação. Esse comportamento nos sugere, talvez, certa fragilidade nos cursos de formação de professores, mas também no que se refere aos formuladores de políticas, para os saberes necessários a pensar as formas de aprendizagem, os mecanismos cognitivos e emocionais envolvidos nessas etapas da formação dos estudantes.

Outro aspecto que merece especial atenção neste debate diz respeito à concepção da reprovação como um dispositivo pedagógico, o que não encontra sustentação empírica ou conceitual. De um lado, ainda é frequente por parte das próprias famílias a compreensão de que uma escola boa é aquela que reprova. Essa lógica encontra seu fundamento na própria constituição meritocrática da escola básica pública que identificava e premiava seus estudantes de suposta excelência acadêmica com a aprovação ou punia os demais com a reprovação, em muitos casos, repetida.

Já do lado dos professores, não raro encontram-se defesas de que a reprovação seria uma chance dada ao aluno para seu próprio amadurecimento intelectual e cognitivo, que, uma vez alcançado, daria ao estudante as condições necessárias para melhorar seu desempenho e ser aprovado no ano seguinte.

Esses argumentos, pensados na perspectiva da trajetória escolar como expressão de qualidade da educação recebida, exigem de nós algumas ponderações.

A primeira delas é que a reprovação, ou a "bomba", não tem se mostrado eficaz para promover aprendizagens. E por quê? Basicamente, porque as pesquisas nacionais e internacionais já nos demonstraram que os estudantes que são reprovados uma vez voltam a sê-lo. Ou seja, a repetição do ano escolar não é condição para que o aluno supostamente cresça o suficiente para não ser reprovado novamente.

Segundo, é preciso perguntar sobre as reais condições de oferta da educação, pedagógica e material, em determinada escola, para compreender qual a tendência de uma reprovação não ser acompanhada de outra, em um mesmo contexto.

O que se quer dizer com isso? Que seria importante as redes de ensino e as escolas contemplarem em seus respectivos projetos pedagógicos ações bem delineadas voltadas para os casos de reprovação, e colocarem em evidência o fracasso do seu uso como ferramenta pedagógica.

Quais práticas didático-pedagógicas foram ineficazes ao longo do ano letivo e levaram à reprovação do estudante? E em que medida elas não determinarão uma nova reprovação do estudante no ano seguinte? O que não funcionou no ano anterior e que será corrigido no seguinte, de modo que ele não seja reprovado novamente?

É preciso considerar que os argumentos que vinculam reprovação à concessão de maior tempo para o suposto amadurecimento do estudante desconsideram que o sucesso da trajetória escolar é compartilhado entre estudante e escola/professor e não pode ser atribuído apenas ao aluno ou aluna individualmente.

Embora o Brasil venha, desde os anos de 1990, tentando interromper os processos de reprovação na educação básica, por meio de ações governamentais de progressão continuada ou aprovação automática, os dados envolvendo reprovação e evasão escolar apontam para a necessidade de aperfeiçoamento de políticas voltadas a essa dimensão dos processos educacionais.

Outro aspecto relativo ao fenômeno do rendimento, expresso em aprovação, reprovação e evasão, está a distorção idade-série (DIS), que embora não tenha na reprovação a única fonte de existência, pode ser entendida como uma das dimensões.

A distorção idade-série é um indicador construído pelo Inep que mostra a porcentagem dos alunos matriculados que apresentam pelo menos dois anos de atraso em relação à idade esperada para determinada série.

Por exemplo, um aluno deve estar cursando a 1ª série do ensino fundamental I aos 6 anos e concluir o 9º ano aos 14 anos. Ou seja, a distorção leva em conta a idade considerada ideal e a série cursada pelo estudante; percurso este que pode ser alterado pela reprovação, por exemplo.

Considerando ainda o ano de 2019, os dados do Inep mostram que essa distorção se aproxima de 18% no 5º ano; chega a 24,6% no 7º ano e atinge 30% no 1º ano do ensino médio, na educação pública.

Bom, falamos do acesso, das condições de permanência enquanto fluxo e DIS, mas e a aprendizagem? Ela representa uma das dimensões da trajetória escolar. O resultado entendido como aprendizagem é parte inerente e substantiva do processo educacional com qualidade.

A partir dos anos de 1990, emerge e se consolida no Brasil, conforme já exposto anteriormente, o Sistema de Avaliação da Educação Básica (Saeb), que foi seguido por inúmeras iniciativas de avaliação estaduais, bem como por alguns municípios, que também criaram sistemas próprios de avaliação.

Uma das contribuições do Saeb foi lançar luz sobre esta dimensão da trajetória escolar, que é a aprendizagem. Por meio de avaliações censitárias ou amostrais, aplicadas a estudantes em determinados momentos do percurso escolar, em componentes curriculares como Língua Portuguesa e Matemática, inicialmente, passou-se a ter acesso a informações sobre o aprendizado dos estudantes nestas duas áreas.

A partir daí foi possível observar que, de modo geral, os estudantes estavam acessando a escola, a reprovação havia sido reduzida em alguma medida, assim como a evasão, mas a aquisição de aprendizagens básicas e fundamentais para a formação dos indivíduos encontrava-se fragilizada.

A tabela que se segue, produzida pelo Inep com dados de 2019, mostra o comportamento da proficiência em Língua Portuguesa, por exemplo, dos estudantes do 5º ano.

Tabela 2 – Distribuição percentual dos alunos do 5º ano do ensino fundamental por nível de proficiência da escala de Língua Portuguesa – Saeb – Brasil, 2019

Nível de proficiência	Língua Portuguesa
Menor que 125	5,71%
Entre 125 e 150	10,04%
Entre 150 e 175	12,69%
Entre 175 e 200	15,39%
Entre 200 e 225	17,04%
Entre 225 e 250	16,33%
Entre 250 e 275	12,38%
Entre 275 e 300	6,73%
Entre 300 e 325	3,18%
Maior ou igual a 325	0,51%
Total	100,00%

Fonte: Inep (2023).

A distribuição de percentuais dos alunos do 5º ano do ensino fundamental, no Sistema de Avaliação da Educação Básica – Saeb, edição de 2019, começa com uma proficiência menor que 125, que avalia habilidades básicas de leitura e interpretação, até o nível maior ou igual a 325, que mede habilidades bem mais complexas e sofisticadas, em Língua Portuguesa. É possível observar que os maiores percentuais de distribuição dos estudantes do 5º ano em Língua Portuguesa estão alocados nos pontos inferiores da escala. Na medida em que as questões propostas vão apresentando um nível mais alto de complexidade, os percentuais de estudantes vão se tornando menores. Apenas 0,5% dos estudantes que fizeram o teste conseguiram uma pontuação maior ou igual a 325 pontos. Entre 300 e 325, o percentual também é baixo, de 3,1%. O maior número de estudantes, 18%, ficam entre 200 e 225 pontos na escala, que representa aquisição de habilidades básicas em Língua Portuguesa.

No caso de Matemática, na mesma série, o cenário não é melhor. O percentual de estudantes da 5ª série nos níveis mais altos de proficiência era, em 2019, de 0,38% e 1,38%.

Tabela 3 – Distribuição percentual dos alunos do 5º ano do ensino fundamental por nível de proficiência da escala de Matemática – Saeb – Brasil, 2019

Nível de proficiência	Língua Portuguesa
Menor que 125	1,91%
Entre 125 e 150	6,50%
Entre 150 e 175	12,93%
Entre 175 e 200	17,46%
Entre 200 e 225	18,77%
Entre 225 e 250	16,69%
Entre 250 e 275	12,61%
Entre 275 e 300	8,02%
Entre 300 e 325	3,69%
Entre 325 e 350	1,38%
350 ou mais	0,03%
Total	100,00%

Fonte: Inep (2023).

Também no ensino médio, a proficiência dos estudantes em Língua Portuguesa, por exemplo, apresenta-se com forte limitação. É certo que as escalas entre ensino fundamental e médio são distintas, mas, mesmo considerando este aspecto, nota-se que 0,0% dos estudantes estiveram nos pontos mais altos da escala de proficiência e apenas 0,8% ficaram entre 375 e 400 pontos.

**Distribuição percentual dos alunos do ensino médio
por nível de proficiência da escala de Língua Portuguesa – Saeb – Brasil, 2019.**

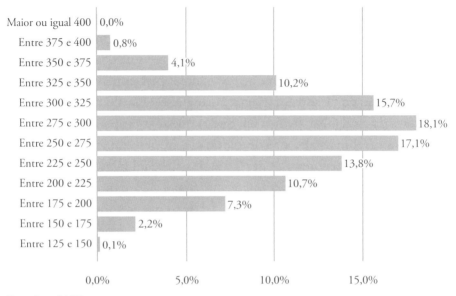

Fonte: Inep (2023).

Quando discutimos qualidade em educação e trazemos para o debate os resultados dos estudantes em avaliações externas é importante enfatizar que, por um lado, esses dados são importantes para pensarmos políticas públicas. Por outro, eles não podem ser confundidos com a "qualidade" nas suas múltiplas dimensões. Eles expressam uma das vertentes de qualidade em educação.

A discussão sobre qualidade em educação vem se alterando historicamente e assumindo nuances distintas, como já apontado pelos professores Romualdo Portela e Gilda Araújo em trabalho de 2005, no qual analisaram como a definição de qualidade é polissêmica e vai se metamorfoseando a depender de cada ciclo político. Primeiro, ela é entendida como melhoria no acesso à escola e, em seguida, passa a assumir a perspectiva de trajetória escolar, que engloba rendimento, ou seja, o fluxo, e, ainda, aprendizagem.

Assim, para podermos afirmar que a educação possui qualidade, os sistemas de ensino precisam garantir que todos os estudantes tenham a vaga salvaguardada, permaneçam no sistema, progredindo conforme sua idade, fazendo as transições de etapas no tempo correto, e que todos tenham a aprendizagem assegurada.

Contudo, é preciso reconhecer que cada estudante vem de experiências extraescolares distintas, com bagagem cultural que precede a escola, mas que influenciam os processos de escolarização de diferentes formas. Assim, os estudantes são diferentes. E a escola deve promover formas de ação que promovam a aprendizagem de todos.

Do mesmo modo que uma escola boa é aquela que garante acesso para todos os estudantes e não apenas para alguns grupos socioeconomicamente privilegiados, uma educação de qualidade precisa garantir aprendizagem para todos os estudantes, e não apenas para os que já trazem alto capital cultural de casa.

E o que isso significa em termos da discussão de qualidade? Isso quer dizer que, além de acesso, fluxo, aprendizagem, é preciso que se garanta equidade. Somente com essa dimensão inclusa, é possível falar em qualidade em educação.

Entende-se por equidade as formas e proporcionalidade da distribuição de bens sociais, de recursos financeiros e insumos, produzidas pelas instituições, com o objetivo de anular, ou não, os efeitos que determinado pertencimento social e racial pode exercer sobre a vida acadêmica de um indivíduo, promovendo ou inibindo sua trajetória escolar.

Assim, equidade é processo, mas também resultado.

Nesse sentido, para que todos os estudantes aprendam, é necessário que os sistemas de ensino também garantam mais a quem tem menos. Isso em termos de alocação docente, de composição de turmas, de aquisição e disposição de material didático e pedagógico, incluindo livros, e produção literária, além, obviamente, de alocação orçamentária.

Embora nós tenhamos avançado bastante na educação brasileira em um curto período de tempo, o que os dados nos mostram é que os grupos compostos por estudantes negros, aqueles com deficiência, indígenas e os quilombolas têm aprendido menos ou quase nada, têm estudado em escolas com os piores indicadores de infraestrutura, possuem os professores com menor qualificação e experiência docente e são os que acumulam os maiores índices de reprovação e distorção idade-série.

A exemplo disso, comparando o índice de distorção idade-série em 2020, no 9º ano do ensino fundamental, que foi de 19,8% – um percentual já considerado alto – com os dados para os alunos com deficiência, esse indicador sobe para 47%, de acordo com os dados do Inep (2022).

Enquanto um estudante do sexo masculino, branco, de nível socioeconômico alto tem 70% de probabilidade de ter uma trajetória regular no ensino fundamental público, seu par do mesmo sexo, mas preto e pobre possui apenas 30%, ou seja, menos da metade de probabilidade, como se pode observar pelos dados do Inep de 2021.

Enquanto 50,7% de estudantes brancos estudam em escolas com infraestrutura considerada adequada, apenas 0,2% de estudantes indígenas estão nesse patamar, se consideradas as variáveis definidas pela Secretaria de Educação Continuada, Alfabetização, Diversidade e Inclusão (Secadi), do Ministério da Educação, em 2023.

Ao examinarmos os dados do Saeb de 2021, com toda a cautela que exige, tendo em vista a possível contaminação dos dados por conta do período de pandemia, nota-se uma diferença de 32,1 pontos entre alunos brancos e pretos, na escala de proficiência de Matemática, do 5º ano, o que representa uma diferença de, aproximadamente, 4 anos de aprendizagem entre eles.

Já quando se observa o percentual de jovens de 15 a 17 anos matriculados no ensino médio, a partir dos dados da Pnad Contínua de 2020, os alunos brancos correspondiam a 81,4%, enquanto os pretos 70,8%.

O que esse conjunto de dados nos permite concluir é que o Brasil, por um lado, avançou muito no direito à educação, e o fez em tempo recorde.

O ensino fundamental está praticamente universalizado, a quase totalidade de crianças com deficiência está matriculada em classes comuns na escola pública, contamos com programas de alimentação e transporte escolar, além de ter um programa de livro didático. Contamos ainda com um robusto sistema de avaliação e uma política substantiva de financiamento educacional via Fundeb. Esses avanços não são triviais e precisam ser celebrados.

Por outro lado, contudo, a educação básica brasileira emerge e se consolida sem inserir nas suas políticas princípios de equidade. Ou seja, construímos programas, políticas e ações pautados pela perspectiva universalista que embora tenha contribuído para garantir o acesso de todos à educação, tem-se mostrado insuficiente para correção das desigualdades.

Quando falamos em perspectiva ou política universalista, estamos nos referindo à defesa da ideia de que todos os seres humanos são iguais e, assim, devem receber tratamento igualitário em termos de políticas públicas. Nesse sentido, a premissa de que devemos dar mais a quem tem menos, para corrigir as desigualdades, não tem prevalência.

Em que pese o fato de a educação brasileira ter sido marcada historicamente por desigualdades, foi somente em 2009, com a Emenda Constitucional nº 59, que se inseriu no texto legal o princípio da equidade, mais especificamente, no art. 212, § 3º, quando se afirma que na distribuição dos recursos públicos deverá ser assegurada prioridade ao atendimento das necessidades do ensino obrigatório, no que se refere à universalização, garantia de padrão de qualidade e "equidade".

Embora a equidade passe a viger como um princípio constitucional, ainda não conseguimos traduzi-la efetivamente nas políticas educacionais, seja na perspectiva do acesso, de modo particular no ensino médio, ou nas trajetórias, aí compreendidas as várias dimensões, etapas e as modalidades educacionais.

A educação escolar
e a rede privada

Este capítulo pretende apontar outra dimensão da política da educação, que é a presença da iniciativa privada no âmbito da organização nacional da educação escolar brasileira.

A Constituição Federal de 1988 dispôs, em seu art. 206, sobre o dever do Estado, que "o ensino será ministrado com base nos seguintes princípios". E, ainda, o inciso III desse artigo estabelece o modo de presença da iniciativa privada na educação escolar: "a coexistência de instituições públicas e privadas".

Como já visto no capítulo "O federalismo educacional", que trata da organização da educação nacional, as escolas públicas, escolas oficiais (*officium* em latim, donde *oficial*), ademais de serem um dever do Estado, conforme o art. 205 da Constituição Federal, promanam da autoridade do mesmo e possuem larga história em nosso ordenamento jurídico, desde, pelo menos, a partir de nossa Independência, com a Constituição de 1824 e com a lei geral da Instrução Pública de 15 de outubro de 1827, assinada por D. Pedro I.

Hoje, as escolas públicas se distinguem em: federais, distrital, estaduais e municipais. Ou seja, elas

131

se distribuem segundo sua pertença respectiva aos entes federativos: União, Distrito Federal, estados e municípios, consoante suas competências legais abrangendo os mais diversos níveis e as mais diferentes etapas da educação.

As escolas privadas tornam-se oficializadas na medida em que se submetem aos parâmetros legais necessários para a consecução de uma validade oficial de sua presença na oferta da educação escolar. Embora tais escolas não se transformem em oficiais, a elas são atribuídas as mesmas características das escolas oficiais no que se refere ao ensino e aos certificados e diplomas, obedecidas as diretrizes e bases educação. Isso já havia na primeira lei de diretrizes e bases da educação nacional, Lei nº 4024/1961, cujo art. 5º dispunha:

> São assegurados aos estabelecimentos de ensino públicos e particulares e legalmente autorizados, adequada representação nos conselhos estaduais de educação, e reconhecimento, para todos os fins, dos estudos neles realizados.

E a ideia de reconhecimento adentra o capítulo dos sistemas de ensino, em cujo art. 19 se lê: "Não haverá distinção de direitos, entre os estudos realizados em estabelecimentos oficiais e os realizados em estabelecimentos particulares reconhecidos".

Portanto, trata-se de um princípio que vem de longa data, possibilitando uma política de educação que reconhece a existência simultânea, concomitante de instituições voltadas para a oferta da educação escolar. Contudo, a leitura desse princípio deve ser completada com o que estabelece o art. 209 da Constituição de 1988:

> Art. 209. O ensino é livre à iniciativa privada, atendidas as seguintes condições:
>
> I - cumprimento das normas gerais da educação nacional;
>
> II - autorização e avaliação de qualidade pelo poder público.

A *coexistência,* portanto, depende das *condições* postas no art. 209. Há, então, um reconhecimento dessas instituições, coexistentes com as públicas, respeitadas as diretrizes e bases da educação nacional. Não se trata, pois, de uma liberdade sem condições, também conhecida como *laissez-faire, laissez-passer.*

Essas condições aparecem com mais detalhes na Lei de Diretrizes e Bases da Educação Nacional, Lei nº 9.394/1996, especialmente no art. 19:

> Art. 19. As instituições de ensino dos diferentes níveis classificam-se nas seguintes categorias administrativas: (Regulamento)
>
> I - públicas, assim entendidas as criadas ou incorporadas, mantidas e administradas pelo Poder Público;
>
> II - privadas, assim entendidas as mantidas e administradas por pessoas físicas ou jurídicas de direito privado.
>
> III - comunitárias, na forma da lei (Incluído pela Lei nº 13.868, de 2019)
>
> § 1º As instituições de ensino a que se referem os incisos II e III do caput deste artigo podem qualificar-se como confessionais, atendidas a orientação confessional e a ideologia específicas. (Incluído pela Lei nº 13.868, de 2019)
>
> § 2º As instituições de ensino a que se referem os incisos II e III do caput deste artigo podem ser certificadas como filantrópicas, na forma da lei. (Incluído pela Lei nº 13.868, de 2019)

Entretanto, há que se buscar outro artigo da Constituição a fim de esclarecer essa divisão entre escolas com fins lucrativos e escolas sem fins lucrativos. Trata-se do art. 213:

> Os recursos públicos serão destinados às escolas públicas, podendo ser dirigidos às escolas comunitárias, confessionais ou filantrópicas, definidas em lei, que:
>
> I - comprovem finalidade não lucrativa e apliquem seus excedentes financeiros em educação;
>
> II - assegurem destinação de seu patrimônio a outra escola comunitária, filantrópica ou confessional, ou ao poder público, no caso de encerramento de suas atividades.

Vê-se que o ensino privado geral (art. 209) não é impedido de buscar o lucro (por oposição à letra do art. 213, I). O lucro, como inerente ao sistema contratual de mercado, é aceito e reconhecido por um segmento das escolas privadas. Elas, pelo princípio da *coexistência,* podem ser autorizadas pelos Conselhos de Educação e assim fazerem parte dos sistemas de ensino.

Essa foi uma mudança importante na Constituição já que, historicamente, as instituições privadas não tinham essa divisão interna, ou seja, entre escolas com fins lucrativos e escolas sem fins lucrativos. A ruptura se dá com a inclusão, no texto constitucional, da categoria escola privada lucrativa, algo até então *juridicamente* inexistente no sistema regular de ensino. E era juridicamente inexistente porque, pelo menos desde os anos 1930, o Estado reservava a si a competência para *conceder* a pleiteantes privados a função pública inerente à escola pública sem se referir à lucratividade ou mesmo proibindo-a, a depender da reforma de educação. Isso não quer dizer que tais escolas deviam ser gratuitas. Apenas ou não havia referência à lucratividade ou esta era interdita, assinalando tratar-se a educação de um bem público.

Logo, havia apenas dois gêneros de escolas: as públicas e as privadas, sendo que estas últimas, pertencentes aos sistemas públicos de educação, eram consideradas privadas com função pública concedida pelo Estado. Toda e qualquer escola deveria visar o interesse coletivo antes de tudo. Contudo, no estudo das reformas educacionais, percebe-se que, no interior de tais gêneros, fazia-se distinção entre aquelas que praticavam algum tipo de gratuidade e com isso faziam jus a recursos emanados dos poderes públicos e as que simplesmente exerciam tal função como iniciativa privada típica do sistema contratual de mercado. Portanto, todas essas escolas estavam sob o princípio da concessão. A concessão, como delegação a terceiros de determinadas atribuições, deixa com o concessionário o exercício das mesmas, mas a titularidade delas continua com o concedente. Tal disposição vigeu desde as reformas imperiais até a Constituição de 1988.

Essa transferência privativa do concedente ao concessionário impunha condições como a que dizia que o serviço prestado seria serviço público. O interesse coletivo ou de bem comum, próprio do concedente, era repassado ao concessionário.

Ora, a Constituição de 1988, além de estabelecer o princípio da *coexistência,* não trabalha, no caso da educação escolar, com a noção de concessão e sim de autorização. E qual seria a diferença entre concessão e autorização? A autorização é de caráter administrativo e faculta ao autorizado o desempenho de uma função que coexiste com o setor público, ainda que necessite o consentimento desse último para que o autorizado desempenhe tal função de modo legal. A concessão tem uma força administrativa muito maior do que a autorização.

Assim, todas as instituições privadas de ensino, autorizadas e avaliadas pelo Estado, fazem a prestação de um *bem público* coexistente com o *serviço público* prestado pelo Estado como seu dever.

Distinguindo-se das escolas privadas com fins lucrativos, as sem fins lucrativos possuem, formalmente, um modo de ser não tipicamente capitalista dentro de um sistema contratual de mercado.

Essas escolas sem fins lucrativos se subdividem em escolas filantrópicas, comunitárias e confessionais. Elas devem oferecer seus serviços educacionais dentro de uma visão que permite a lucratividade dentro de parâmetros legais específicos. E, por essa razão, podem receber recursos públicos como bolsas ou programas de apoio às atividades de pesquisa (art. 213, § 1º e § 2º), quanto se isentarem de impostos consoante o art. 150, VI, c, da Constituição:

> Art. 150. Sem prejuízo de outras garantias asseguradas ao contribuinte, é vedado à União, aos Estados, ao Distrito Federal e aos Municípios:
>
> [...]
>
> VI - instituir impostos sobre: (Vide Emenda Constitucional nº 3, de 1993)
>
> a) patrimônio, renda ou serviços, uns dos outros;
>
> b) templos de qualquer culto;
>
> c) patrimônio, renda ou serviços dos partidos políticos, inclusive suas fundações, das entidades sindicais dos trabalhadores, das instituições de educação e de assistência social, sem fins lucrativos, atendidos os requisitos da lei;
>
> d) livros, jornais, periódicos e o papel destinado à sua impressão.

Tais escolas não possuem *finalidade lucrativa*. Mas isso não quer dizer que, no interior do sistema contratual de mercado, não possam auferir algum lucro. Como visto anteriormente (art. 213), o que está em jogo é a finalidade desse lucro.

A escola filantrópica é aquela altruísta no sentido de buscar reparar entraves específicos à igualdade de oportunidades, como os relativos às pessoas com deficiência ou de outras vulnerabilidades, impeditivas do pleno exercício da cidadania.

A escola comunitária busca estes ou outros caminhos (por exemplo, o da manutenção de formas cooperativas), mas sempre dentro de uma vertente que combina pequenos pagamentos, voluntariado e serviços, por exemplo, dentro de grupos, bairros ou regiões vulneráveis ou então uma finalidade voltada para educação inclusiva.

A escola confessional será objeto da autorização pela prática não lucrativa inerente à solidariedade, em princípio oposto ao "individualismo possessivo". Ela também é assim designada porque, em sua identidade religiosa, busca transmitir uma diferença constituída pelos princípios de uma espiritualidade que se apresenta por meio de valores próprios daquela denominação.

Em síntese, por patrocinarem um bem público, as escolas sem fins lucrativos herdam a tradição de uma escola privada que, por comprovar *finalidade não lucrativa*, obtém tanto o reconhecimento oficial (como qualquer outra escola privada), quanto a possibilidade de recursos públicos, na forma do art. 213 da Constituição Federal.

DISPOSITIVOS HISTÓRICOS E SISTEMA PRIVADO

Trazer dispositivos históricos relativos ao sistema privado ajuda a entender a sua evolução. Não são poucos autores ligados ao sistema privado que o denominam também de liberdade de ensino, denotando que exercem a oferta da escolaridade sob o sistema contratual de mercado, com ou sem fins lucrativos.

Veja-se, por exemplo, o Decreto nº 981 de 8/11/1890, Reforma Benjamin Constant, que regulamentou o ensino primário e secundário do Distrito Federal. Em seu art. 1 ele determinava: "É completamente livre aos particulares, no Distrito Federal, o ensino primário e o secundário, sob condições de moralidade, higiene e estatística definidas nesta lei".

De acordo com o art. 53, III, desse Decreto, a autorização de abertura ficava condicionada a determinadas condições estabelecidas pelas autoridades oficiais como forma de reconhecimento da parte do Estado.

Por seu turno, dizia o art. 71:

> Nas localidades em que ainda faltarem escolas públicas do 1º grau, ou em que elas não bastem à grande população escolar, poderão ser subvencionadas as escolas particulares, que receberem e derem instrução gratuitamente a 15 alunos pobres, pelo menos; esta subvenção será então de 60$ mensais, e por aluno, que acrescer aos 15, se adicionará a quota de 4$ até perfazer a subvenção de 120$ que se não poderá exceder.

Percebe-se, pois, a existência de várias modalidades de escola: a escola livre (privada), a escola livre (privada) subvencionada e a escola oficial, sendo que essa última seria o parâmetro para a oficialização de certificados e diplomas expedidos pelas escolas livres. Mas para ser subvencionada, as escolas privadas ou livres deveriam dar gratuidade a um certo número de *alunos pobres*. Voltando à nossa situação atual, o Código Tributário Nacional de 2001, estabeleceu, no art. 14, como condições pelas quais as instituições privadas sem fins lucrativos poderão usufruir das imunidades previstas no art. 150 da Constituição:

> I – não distribuírem qualquer parcela de seu patrimônio ou de suas rendas, a qualquer título;
> II – aplicarem integralmente, no País, os seus recursos na manutenção dos seus objetivos institucionais;
> III – manterem escrituração de suas receitas e despesas em livros revestidos de formalidades capazes de assegurar sua exatidão.

Por seu lado, o Decreto nº 3048 de 1999, ao regulamentar a isenção de contribuições, dispõe no seu art. 206:

> Fica isenta das contribuições a entidade que [...]
> IV – promova, gratuitamente, a assistência social beneficente a pessoas carentes, em especial a crianças, adolescentes, idosos e portadores de deficiência;
> § 2º Considera-se pessoa carente a que comprove não possuir meios de prover a própria manutenção, nem tê-la provida por sua família.

Com relação às entidades de filantropia, o Decreto nº 2.536 de 1998, em seu art. 3º, explicita as condições pelas quais uma entidade possa fazer jus ao Certificado de Entidade de Fins Filantrópicos, as quais devem ser comprovadas durante três anos antes da solicitação:

I – estar legalmente constituída no País e em efetivo funcionamento;

II – estar previamente inscrita no Conselho Municipal de Assistência Social do município de sua sede, se houver, ou no Conselho Estadual de Assistência Social;

III – estar previamente registrada no Conselho Nacional de Assistência Social - CNAS;

IV – aplicar suas rendas, seus recursos e eventual resultado operacional integralmente no território nacional e na manutenção dos seus objetivos institucionais;

V – aplicar as subvenções e doações recebidas nas finalidades a que estejam vinculadas;

VI – aplicar anualmente, em gratuidade, pelo menos vinte por cento da receita bruta proveniente da venda de serviços, acrescida da receita decorrente de aplicações financeiras, locação de bens, de venda de bens não integrantes do ativo imobilizado e de doações particulares, cujo montante nunca será inferior à isenção das contribuições sociais usufruídas;

VII – não distribuir resultados, dividendos, bonificações, participações ou parcela do seu patrimônio, sob nenhuma forma ou pretexto;

VIII – não perceberem seus diretores, conselheiros, sócios, instituidores, benfeitores ou equivalentes, remuneração, vantagens ou benefícios, direta ou indiretamente, por qualquer forma ou título, em razão das competências, funções ou atividades que lhes sejam atribuídas pelos respectivos atos constitutivos;

IX – destinar, em seus atos constitutivos, em caso de dissolução ou extinção, o eventual patrimônio remanescente a entidades congêneres registradas no CNAS ou a entidade pública;

X – não constituir patrimônio de indivíduo ou de sociedade sem caráter beneficente de assistência social.

Muitas instituições religiosas e comunitárias buscam também esse certificado devido à isenção da cota patronal de Previdência Social, para assim se tornarem também filantrópicas. Assim, as contribuições da Previdência Social a que estariam submetidas se fossem só entidades confessionais são substituídas por gratuidades dentro de um determinado porcentual (20% da renda bruta, segundo o Decreto nº 2.536 de 1998).

Postos esses esclarecimentos básicos, a Constituição inclui ainda, dentro do art. 206, as escolas privadas dentro do princípio da pluralidade:

Art. 206. O ensino será ministrado com base nos seguintes princípios:

I - igualdade de condições para o acesso e permanência na escola;

II - liberdade de aprender, ensinar, pesquisar e divulgar o pensamento, a arte e o saber;

III - pluralismo de ideias e de concepções pedagógicas, e coexistência de instituições públicas e privadas de ensino.

O inciso III, em parte já comentado no quesito da *coexistência*, inclui o do *pluralismo de ideias e de concepções*. De um lado, a recusa a uma imposição monolítica de *ideias e de concepções,* de outro a circulação de uma variabilidade de pontos de vista, desde que conformes à dignidade da pessoa humana. Por exemplo, o art. 4º da Constituição, inciso VIII, estabelece como princípio republicano o *repúdio ao terrorismo e ao racismo*. Consequente a isso, o art. 5º estabelece no inciso XLII que *a prática do racismo constitui crime inafiançável e imprescritível, sujeito à pena de reclusão, nos termos da lei*. A Lei nº 7716 de 1989 é a que regula esse artigo explicitando:

Art. 20. Praticar, induzir ou incitar a discriminação ou preconceito de raça, cor, etnia, religião ou procedência nacional. Pena: reclusão de um a três anos e multa.

§1º Fabricar, comercializar, distribuir ou veicular símbolos, emblemas, ornamentos, distintivos ou propaganda que utilizem a cruz suástica ou gamada, para fins de divulgação do nazismo.

Pena: reclusão de dois a cinco anos e multa

§2º Se qualquer dos crimes previstos no caput é cometido por intermédio dos meios de comunicação social ou publicação de qualquer natureza:

Pena: reclusão de dois a cinco anos e multa.

O Programa Nacional do Livro Didático para 2023, em publicação do Diário Oficial da União de 12/02/2023, traz, entre as regras a serem observadas na confecção de livros didáticos, que esses deverão "promover, positivamente, a imagem dos brasileiros, homens e mulheres" e ser isentos de "qualquer forma de promoção da violência". Ademais, as obras deverão cultivar "os princípios éticos necessários à construção da cidadania e ao convívio social republicano". Também deverão "valorizar as matrizes culturais do Brasil – indígena, europeia e africana –, incluindo as culturas das populações do campo, afro-brasileira e quilombola".

Portanto, o pluralismo deve respeitar os princípios e os fundamentos do Estado Democrático de Direito.

Voltando-se para o inciso II do art. 206, é importante fazer a distinção entre escolas regulares e escolas livres. Como já visto, as regulares são as que, além de se submeterem às leis gerais do país, também se submetem ao sistema de diretrizes e bases da educação nacional, inclusive para o reconhecimento formal de seus atos e diplomas. Regular provém do latim *regula, regulae*, e indica *as regras, as leis*. Por isso, escola regular é a que está *sub lege*, ou seja, sob a lei. Desse modo, tanto as escolas públicas quanto as escolas privadas, autorizadas e avaliadas, são regulares e emitem certificados com valor oficial.

Por sua vez, as escolas livres são mantidas por pessoas jurídicas ou físicas, *fora* da organização da educação nacional. Elas não são oficiais no sentido estabelecido pela Lei de Diretrizes e Bases da Educação Nacional por não serem autorizadas como escolas de educação escolar e não emitirem certificados com valor oficial. Exemplos constantes de escolas livres são as que oferecem ensino de idiomas estrangeiros ou os chamados *cursinhos* para processos seletivos de qualquer natureza.

Deles não se exigem currículos mínimos oficiais e nem eles se submetem às autoridades de ensino, como os Conselhos de Educação, em termos de *autorização de funcionamento*. Em contrapartida, não sendo autorizadas por estas autoridades, não podem expedir certificados oficiais. Entrementes, isso não impede que seus certificados tenham um valor de mercado, como, por exemplo, em um processo de seleção de uma empresa atuante no mercado. Por outro lado, como qualquer outro estabelecimento de serviços, está sujeita às normas gerais da legislação brasileira como alvarás municipais, respeito às exigências do corpo de bombeiros, aos códigos de posturas, entre outros.

FAMÍLIA E LIBERDADE DE ENSINO

Certamente a temática geral aqui tratada contém outras dimensões em nossa história da educação. Uma delas se refere ao papel da família na oferta da educação, mesmo na oferta da educação escolar no lar e na questão da obrigatoriedade.

Essa oferta que teve vigência legal no Brasil desde o Império até a Constituição de 1988. Trata-se da possibilidade de *educação no lar*, fato que contornava a obrigatoriedade nas escolas. Ela foi aceita, sobretudo, porque ou não havia escolas disponíveis, dado o sistema seletivo e elitista de nossa educação, ou devido à inexistência de vagas em escolas existentes ou por conta de sermos um país com grande presença da zona rural, dificultando as comunicações viárias.

Dois exemplos podem ser vistos nas exceções à obrigatoriedade. A primeira encontra-se na redação do Plano Nacional de Educação, previsto na Constituição de 1934 e que foi elaborado pelo Conselho Nacional de Educação, acompanhado de perto pelo ministro da Educação Gustavo Capanema e submetido ao Congresso Nacional. Após muitas discussões na Câmara, foi aprovado e encaminhado ao Senado. Dado o golpe de 10 de novembro de 1937, o projeto foi esquecido. Entretanto, vale trazer o que ele previa, caso houvesse sido aprovado.

> Art. 38: O ensino primário, que tem por fim o desenvolvimento físico, intelectual e moral das crianças de 7 a 12 anos, é integral, gratuito e obrigatório.
>
> Art. 39: A obrigatoriedade da educação primária pode ser satisfeita nas escolas públicas, particulares ou ainda no lar.
>
> Art. 40: Dos 7 aos 12 anos de idade, toda criança é obrigada a frequentar a escola, salvo quando receber instrução no lar.
>
> Art. 41: Aos pais e responsáveis, infratores desta lei, serão impostas as penalidades previstas pela legislação do Estado e do Distrito Federal.
>
> Art. 42: Da frequência escolar, ficam dispensadas as crianças:
> a) quando não haja escola pública dentro do perímetro de três quilômetros de raio em relação ao seu domicílio,
> b) quando sofrerem de doença repulsiva ou contagiosa ou manifestarem incapacidade física ou mental.

Aqui se percebe como a educação no lar era vista como uma função *ersatz* (substitutiva) da falta de escolas. É essa perspectiva que vai dominar a concepção de educação no lar até 1988.

O outro exemplo está posto nas exceções da primeira lei de diretrizes e bases da educação nacional, a Lei nº 4.024/1961:

> Art. 30. Não poderá exercer função pública, nem ocupar emprego em sociedade de economia mista ou empresa concessionária de serviço público o pai de família ou responsável por criança em idade escolar sem fazer prova de matrícula desta, em estabelecimento de ensino, ou de que lhe está sendo ministrada educação no lar.
>
> *Parágrafo único*. Constituem casos de isenção, além de outros previstos em lei:
>
> a) comprovado estado de pobreza do pai ou responsável;
> b) insuficiência de escolas;
> c) matrícula encerrada;
> d) doença ou anomalia grave da criança.

Como visto, a falta de escolas e a carência de vagas, no âmbito de um país que era predominantemente agrário, entrava como justificativa para substituir as escolas. Com a ampliação de escolas e de vagas, a partir da década de 1970, os esforços vão se concentrar no sentido de universalizar a escola de ensino fundamental, agora, dentro de um país predominantemente urbano. A Constituição de 1988 não só proclama a educação como direitos de todos e dever do Estado, mas também determina, pelo §3º do art. 208, a frequência à escola. Nesse sentido, a Constituição não se ocupou da educação no lar.

Essa forma doméstica de educação vai se alterar com o movimento denominado de *homeschooling*, que tem uma influência vinda dos Estados Unidos da América e que, com base no direito dos pais, contesta a obrigatoriedade escolar em instituições escolares.

No Brasil, o Supremo Tribunal Federal emitiu que a decisão sobre tal possibilidade voltar ao nosso ordenamento jurídico depende de legislação a ser disposta pelo Congresso Nacional.

De todo modo, a obrigatoriedade sempre pode ser cumprida junto às escolas privadas autorizadas.

Em linhas gerais, podemos dizer que, desde o final do Império, a educação oficial/regular é uma função pública que o Estado avoca a si ou imputa a quem deseja assumi-la sob condições. Após a República, essa formulação vai se evidenciando de modo cada vez mais claro, seja através das mais diferentes Constituições ou das distintas leis de diretrizes e bases.

A nova Constituição, como vimos, se diferencia das anteriores ao aceitar o ensino privado, autorizado, regido, concorrentemente, pelas leis de mercado e pelas da educação regrada pela Lei de Diretrizes e bases da qual faz parte a avaliação de qualidade e a capacidade de autofinanciamento. A diferença presente na Constituição de 1988 consiste na aceitação da lucratividade no interior dos sistemas de educação e na continuidade das escolas sem fins lucrativos. Estas últimas, já para as escolas comunitárias, confessionais e filantrópicas, também autorizadas e avaliadas, fazem parte do sistema contratual de mercado, porém, sob condições e regras próprias quanto à lucratividade.

Nesse sentido, ambas as escolas, com e sem fins lucrativos, são privadas, podem ser reconhecidas e devem se submeter às normas constitucionais, às leis educacionais, trabalhistas e outras de domínio conexo. Mas o que as diferencia, internamente, é a aceitação plena ou reduzida do ímpeto possessivo da lucratividade, própria do sistema contratual de mercado e a destinação da lucratividade. É no grau de redução desta possessividade que reside a possibilidade de subvenção pública, destinação de bolsas e isenção de impostos.

A Lei de Diretrizes e Bases explicitou mais alguns elementos relativos à organização administrativa e pedagógica da educação nacional. De todo o modo, a educação como dever de Estado o obriga a assumi-la como seu dever maior e, diante da cidadania, atendê-la como um direito ampliando a sua face pública buscando a ampliação de seus sistemas de educação.

A Educação para as Relações Étnico-Raciais (ERER)

Duas leis muito relevantes para uma educação antirracista foram promulgadas no início deste século. A primeira (Lei nº 10.639/2003) altera a principal lei educacional do país, a Lei nº 9.394, de 20 de dezembro de 1996, que estabelece as diretrizes e bases da educação nacional (LDB). A nova lei torna obrigatória a temática "História e Cultura Afro-Brasileira" no currículo oficial da rede de ensino, por meio da inserção do art. 26-A. Além disso, institui no calendário escolar o dia 20 de novembro como o Dia Nacional da Consciência Negra, com a introdução do art. 79-B, na LDB. Já a Lei nº 11.645/2008 altera justamente o art. 26-A, da LDB, de modo a incluir no currículo também a História e Cultura Indígena.

Assim, ambos os marcos legais cuidam de disciplinar nos currículos os diversos aspectos históricos e culturais que formam a população brasileira, a partir desses dois grupos, restituindo e enfatizando as suas contribuições nas diversas áreas da história e constituição do país.

Ambas as leis também obrigam que os conteúdos referentes à história e cultura afro-brasileira e dos povos indígenas brasileiros devam constar e serem ministrados no âmbito de todo o currículo escolar, de modo particular nas áreas de educação artística, literatura e história brasileiras.

Em seguida à aprovação dessas duas leis, importantes movimentos foram feitos no sentido de se traduzir e de se implementar o que estava posto no marco legal.

No primeiro caso, isso ocorreu por meio da aprovação das Diretrizes Curriculares Nacionais para a Educação das Relações Étnico-Raciais e para o Ensino de História e Cultura Afro-Brasileira e Africana, em 2004, pelo Conselho Pleno do CNE, formado pelos conselheiros de ambas as Câmaras – Câmara de Educação Básica e Câmara de Educação Superior –, por meio do Parecer CNE/CP nº 03/2004 e Resolução CNE/CP nº 01/2004.

De modo a regulamentar as alterações inseridas na LDB, o Conselho Nacional de Educação aprovou, por unanimidade, o parecer da relatora Petronilha Beatriz, professora e pesquisadora, com histórica militância no movimento negro.

Na Resolução nº 001/2004, decorrente do parecer do CNE, aprovado por unanimidade, formalizam-se as Diretrizes para a Educação para as Relações Étnico-Raciais, apresentando um conjunto de dimensões que deveriam ser traduzidas pelos gestores e atores educacionais, para que se efetivasse aquilo que fora preconizado nos dois dispositivos.

Essas diretrizes tiveram um importante papel nos programas e ações que foram propostos pela Secretaria de Educação Continuada, Alfabetização, Diversidade e Inclusão (Secadi), do Ministério da Educação, extinta em 2016, e recriada em 2023. A criação da Secadi dentro do Ministério da Educação já é, em si, um princípio de ação afirmativa, porque é neste espaço institucional que se formulam políticas mais focalizadas.

Assim, ela teve e volta a ter uma condição estratégica na implementação e consolidação das diretrizes, porque cabe à União, de acordo com o art. 211, § 1º, da Constituição, atuar de modo supletivo e redistributivo em relação aos estados e municípios, em termos educacionais.

Em seguida, as diretrizes foram operacionalizadas em um Plano Nacional de Implementação, também, em 2004, que previa seis eixos de ação. No caso da Lei nº 11.645/2008, não foi produzido um Plano Nacional de Implementação em seguida à aprovação da Lei.

Por outro lado, a Resolução nº 05/2012, que define as Diretrizes Curriculares Nacionais para a Educação Escolar Indígena na Educação Básica, cumpre um importante papel de não apenas sistematizar os princípios e fundamentos da modalidade, mas também apresentar o conjunto de estratégias e subsídios, de modo a viabilizar a sua implementação, como a definição do projeto político pedagógico, regime de colaboração, lógicas de avaliação, dentre outros.

Sem dúvidas, em ambos os casos, os marcos legais representam um importante avanço. Contudo, no caso racial, um levantamento feito pela revista *Nova Escola* em 2022 mostrou que 85% dos educadores afirmaram saber que existe uma lei que tornou obrigatório o ensino de História e Cultura Afro-brasileira, mas 60% deles não sabiam ou afirmaram que não existe nenhum investimento que leve à efetivação da Lei.

Além disso, mesmo tendo se passado vinte anos da Lei nº 10.639/2003, convivemos com enormes desigualdades educacionais quando se observam a aprendizagem, a infraestrutura das escolas e mesmo o acesso de estudantes negros e indígenas na educação básica.

Por que essa importante inovação jurídica não foi capaz de ser traduzida em políticas educacionais antirracistas e de equidade?

Por que a Educação das Relações Étnico-Raciais (ERER) permanece desconhecida para tantos professores, mesmo tendo havido investimento para formação, promovida pelo governo federal, especialmente, no período pós-aprovação dos marcos legais?

Uma das respostas é de natureza conceitual. Ou seja, precisamos pensar o que significa uma educação antirracista na educação básica.

A erradicação de injúrias raciais, discriminações e preconceitos é sem dúvida uma das dimensões mais importantes de uma educação para as relações étnico-raciais. O reconhecimento e a representação da contribuição dos povos negros e indígenas na formação da nação, da identidade, da memória coletiva é outra vertente fundamental para uma educação antirracista.

Assim, essa dimensão deve estar expressa e oficialmente representada nos livros didáticos, nos livros literários dos programas nacionais do

Estado, nos insumos pedagógicos, nos currículos escolares e na formação inicial e continuada de professores.

Já a terceira dimensão está relacionada à política educacional mais estruturante, digamos assim. Ou seja, nesse caso, uma educação antirracista ou uma educação para as relações étnico-raciais precisa ser traduzida como uma política educacional de Estado, que considere a necessidade de princípios de equidade dentro do sistema.

Assim, ser antirracista, em termos de educação básica, significa colocar o Estado no centro do debate educacional racial. Mas como isso pode ser feito?

A concretização dessa perspectiva se dá na medida em que as ações do Estado, ou seja, suas políticas públicas, preveem que as desigualdades educacionais não decorrem unicamente de classe social, mas que o componente racial é um marcador forte desta desigualdade.

Portanto, as políticas educacionais do Estado devem prever dentro do seu desenho princípios de equidade, sendo estruturantes do sistema educacional.

Assim, uma educação antirracista deve incidir sobre a gestão dos sistemas, do seu financiamento, monitoramento e avaliação, além de ter uma coordenação federativa sólida. Na perspectiva de política de Estado, é preciso considerar, então, o conjunto de instrumentos de ação pública mobilizados na formação, nos insumos didático-pedagógicos, na gestão da educação, no seu monitoramento e avaliação, mas também na alocação de recursos financeiros e nas decisões de gasto instituídos pelo Estado. E, principalmente, na coordenação federativa da União.

Somente levando em conta todas estas dimensões podemos criar as condições para que todos os estudantes negros, indígenas, quilombolas acessem a escola, permaneçam nela com uma trajetória regular e aprendam como seus pares brancos.

Entende-se, então, por Educação das Relações Étnico-Raciais, na perspectiva de política de Estado, o conjunto de instrumentos de ação pública mobilizados pelo Estado na formação docente, na gestão da educação, do monitoramento e da avaliação, na alocação orçamentária e na coordenação federativa da política.

É nesse sentido que caminhou a professora e pesquisadora Nilma Lino ao nos ensinar que a forma de se garantir a concretização da igualdade aos vários grupos que historicamente foram tratados como desiguais é a construção da equidade.

É por meio do conjunto dessas dimensões, sobretudo as mais estruturantes do sistema, que se deve operar a fim de se propor uma educação antirracista, tendo em vista que estamos lidando com algo estrutural, que é o racismo, em termos educacionais.

Por que essas dimensões aqui chamadas estruturantes são tão importantes? Basicamente porque é por meio delas que o governo federal alcança as redes de ensino, em municípios e estados, responsáveis legais pela maioria das matrículas da educação básica, podendo, assim, fazer uma coordenação federativa, em parceria com os entes subnacionais.

Para compreender melhor a discussão aqui posta, tomemos o exemplo do Fundo de Manutenção e Desenvolvimento da Educação Básica e de Valorização dos Profissionais da Educação (Fundeb), que é um bom modelo de coordenação federativa. No Fundeb, temos uma lei federal que determina a destinação de percentual de recursos de estados e municípios à educação, delimita onde deve ser empregado, qual o percentual a ser utilizado em cada rubrica e define as formas de prestação de contas.

O que temos nesse caso é a União atuando em relação a estados e municípios, via sua competência legislativa. Ou seja, o governo federal, ao atuar sobre a decisão de gasto dos entes federados, limita a possibilidade de que parte dos recursos da educação seja utilizada em funções alheias ao processo educacional.

O Sistema de Avaliação da Educação Básica (Saeb) é outro instrumento que tem assumido um caráter de coordenação federativa, porque alcança praticamente todas as redes de ensino do país com suas avaliações e, por meio delas, induz-se determinado currículo.

Sem entrar no mérito da qualidade do desenho curricular, o fato é que a União consegue coordenar um processo em que tanto os estados quanto os municípios passam a utilizar uma mesma matriz curricular.

O que temos em todos esses casos é um movimento de indução e coordenação por parte da União. É nesse sentido que se quer discutir a Educação das Relações Étnico-Raciais ou uma educação antirracista. Ou seja, da mesma forma que o governo federal incidiu sobre redes estaduais e municipais induzindo alterações no comportamento institucional, é preciso fazer o mesmo com a ERER.

Um importante instrumento de coordenação é a existência de um Sistema Nacional de Educação, que ainda está por ser construído.

Na ausência dele, o país tem aprovado planos decenais de educação, atendendo, inclusive, a uma determinação legal, art. 214 da Constituição Federal, e que tem como um dos objetivos ser instrumento de coordenação da política educacional no país, por meio de metas, estratégias para todos os entes federados.

É neste sentido que a Lei nº 13.005/2014 aprovou o Plano Nacional de Educação (PNE) em andamento e que tem prazo para expirar em 2024. E como foi traduzida a educação antirracista dentro dele? Como a ERER foi traduzida dentro da política de Estado e, portanto, estruturante?

A TRADUÇÃO DA ERER NA LEI Nº 13.005/2014

Uma das características centrais de um PNE é a sua constituição enquanto política de Estado. Uma política de Estado é diferente de uma política de governo. O que as distingue é centralmente a capacidade de permanência ou descontinuidade dos programas ou ações que as constituem, como vimos no primeiro capítulo.

A política de governo é formulada de acordo com a ideologia de determinado grupo político que assume o poder por certo período. As escolas cívico-militares, por exemplo, podem ser consideradas política de governo. Já a política de Estado é aquela resultante de um consenso social, que tem um desenho sólido, fonte de financiamento estável e que permanece mesmo quando há alteração de grupos políticos no poder. A formação docente é uma política de Estado.

Assim sendo, a Lei nº 13.005/2014, ao aprovar o PNE para uma década configura-se como uma política de Estado.

As 20 metas e 254 estratégias que compõem o PNE tinham como objetivo fazer com que cada ente federado priorizasse as mesmas dimensões da política educacional, que resultaram de um consenso construído por meio das conferências de educação.

Desse modo, a União coordenaria o esforço junto a estados e municípios para alcançarem as metas.

Assim, se essa é uma política de Estado, e, portanto, estruturante, a questão racial deveria atravessar todas as metas, de modo a induzir uma tradução de ERER em termos de acesso, trajetória escolar, financiamento, avaliação, formação docente, entre outros, junto a estados e municípios, coordenada pela União.

Desse modo, com as metas e estratégias do PNE, o governo federal induziu os entes subnacionais a promoverem ações voltadas a uma educação antirracista.

Nesse caso, teríamos o Estado brasileiro se responsabilizando por uma educação antirracista, já que induziria políticas voltadas à estrutura do sistema, que têm maior potencialidade de lidar com a questão.

Vejamos, então, as metas do Plano Nacional de Educação, conforme a Lei nº 13.005/2014, cuja vigência é de 2014 a 2024.

> Meta 1: [Educação Infantil] - Universalizar, até 2016, a educação infantil na pré-escola para as crianças de 4 (quatro) a 5 (cinco) anos de idade e ampliar a oferta de educação infantil em creches de forma a atender, no mínimo, 50% (cinquenta por cento) das crianças de até 3 (três) anos até o final da vigência deste PNE. [...]

> Meta 2: [Ensino Fundamental] - Universalizar o ensino fundamental de 9 (nove) anos para toda a população de 6 (seis) a 14 (quatorze) anos e garantir que pelo menos 95% (noventa e cinco por cento) dos alunos concluam essa etapa na idade recomendada, até o último ano de vigência deste PNE. [...]

> Meta 3: [Ensino Médio] - Universalizar, até 2016, o atendimento escolar para toda a população de 15 (quinze) a 17 (dezessete) anos e elevar, até o final do período de vigência deste PNE, a taxa líquida de matrículas no ensino médio para 85% (oitenta e cinco por cento). [...]

> Meta 4: [Educação Especial Inclusiva] - Universalizar, para a população de 4 (quatro) a 17 (dezessete) anos com deficiência, transtornos globais do desenvolvimento e altas habilidades ou superdotação, o acesso à educação básica e ao atendimento educacional especializado, preferencialmente na rede regular de ensino, com a garantia de sistema educacional inclusivo, de salas de recursos multifuncionais, classes, escolas ou serviços especializados, públicos ou conveniados.

Meta 5: [Alfabetização] - Alfabetizar todas as crianças, no máximo, até o final do 3º (terceiro) ano do ensino fundamental. [...]

Meta 6: [Educação em tempo integral] - Oferecer educação em tempo integral em, no mínimo, 50% (cinquenta por cento) das escolas públicas, de forma a atender, pelo menos, 25% (vinte e cinco por cento) dos(as) alunos(as) da educação básica. [...]

Meta 7: [Qualidade da educação] - Fomentar a qualidade da educação básica em todas as etapas e modalidades, com melhoria do fluxo escolar e da aprendizagem de modo a atingir as seguintes médias nacionais para o Ideb. [...]

Meta 8: [Anos de estudo entre negros e não negros] - Elevar a escolaridade média da população de 18 (dezoito) a 29 (vinte e nove) anos, de modo a alcançar, no mínimo, 12 (doze) anos de estudo no último ano de vigência deste Plano, para as populações do campo, da região de menor escolaridade no País e dos 25% (vinte e cinco por cento) mais pobres, e igualar a escolaridade média entre negros e não negros declarados à Fundação Instituto Brasileiro de Geografia e Estatística - IBGE. [...]

Meta 9: [Analfabetismo] - Elevar a taxa de alfabetização da população com 15 (quinze) anos ou mais para 93,5% (noventa e três inteiros e cinco décimos por cento) até 2015 e, até o final da vigência deste PNE, erradicar o analfabetismo absoluto e reduzir em 50% (cinquenta por cento) a taxa de analfabetismo funcional. [...]

Meta 10: [Educação de Jovens e Adultos Integrada] - Oferecer, no mínimo, 25% (vinte e cinco por cento) das matrículas de educação de jovens e adultos, nos ensinos fundamental e médio, na forma integrada à educação profissional. [...]

Meta 11: [Educação Profissional] - Triplicar as matrículas da educação profissional técnica de nível médio, assegurando a qualidade da oferta e pelo menos 50% (cinquenta por cento) da expansão no segmento público. [...]

Meta 12: [Ensino Superior] - Elevar a taxa bruta de matrícula na educação superior para 50% (cinquenta por cento) e a taxa líquida para 33% (trinta e três por cento) da população de 18 (dezoito) a 24 (vinte e quatro) anos, assegurada a qualidade da oferta e expansão para, pelo menos, 40% (quarenta por cento) das novas matrículas, no segmento público. [...]

Meta 13: [Qualidade do Ensino Superior] - Elevar a qualidade da educação superior e ampliar a proporção de mestres e doutores do corpo docente em efetivo exercício no conjunto do sistema de educação superior para 75% (setenta e cinco por cento), sendo, do total, no mínimo, 35% (trinta e cinco por cento) doutores. [...]

Meta 14: [Pós-Graduação] - Elevar gradualmente o número de matrículas na pós-graduação de modo a atingir a titulação anual de 60.000 (sessenta mil) mestres e 25.000 (vinte e cinco mil) doutores.

Meta 15: [Formação docente] - Garantir, em regime de colaboração entre a União, os Estados, o Distrito Federal e os Municípios, no prazo de 1 (um) ano de vigência deste PNE, política nacional de formação dos profissionais da educação de que tratam os incisos I, II e III do caput do art. 61 da Lei n. 9.394, de 20 de dezembro de 1996, assegurado que todos os professores e as professoras da educação básica possuam formação específica de nível superior, obtida em curso de licenciatura na área de conhecimento em que atuam. [...]

Meta 16: [Formação continuada] - Formar, em nível de pós-graduação, 50% (cinquenta por cento) dos professores da educação básica, até o último ano de vigência deste PNE, e garantir a todos(as) os(as) profissionais da educação básica formação continuada em sua área de atuação, considerando as necessidades, demandas e contextualizações dos sistemas de ensino. [...]

Meta 17: [Valorização do Magistério] - Valorizar os(as) profissionais do magistério das redes públicas de educação básica de forma a equiparar seu rendimento médio ao dos(as) demais profissionais com escolaridade equivalente, até o final do sexto ano de vigência deste PNE. [...]

Meta 18: [Plano de Carreira] - Assegurar, no prazo de 2 (dois) anos, a existência de planos de Carreira para os(as) profissionais da educação básica e superior pública de todos os sistemas de ensino e, para o plano de Carreira dos(as) profissionais da educação básica pública, tomar como referência o piso salarial nacional profissional, definido em lei federal, nos termos do inciso VIII do art. 206 da Constituição Federal. [...]

Meta 19: [Gestão Democrática] - Assegurar condições, no prazo de 2 (dois) anos, para a efetivação da gestão democrática da educação, associada a critérios técnicos de mérito e desempenho e à consulta pública à comunidade escolar, no âmbito das escolas públicas, prevendo recursos e apoio técnico da União para tanto. [...]

> Meta 20: [Financiamento] - Ampliar o investimento público em educação pública de forma a atingir, no mínimo, o patamar de 7% (sete por cento) do Produto Interno Bruto - PIB do País no 5º (quinto) ano de vigência desta Lei e, no mínimo, o equivalente a 10% (dez por cento) do PIB ao final do decênio.

Como podemos observar, apenas a Meta 8 tem uma estruturação voltada à raça, na medida em que ela trata da redução da diferença de anos de estudos entre brancos e negros. As demais metas, bem como as respectivas estratégias, não conseguiram exprimir como o Estado induziria e coordenaria uma política de Educação das Relações Étnico-Raciais, na perspectiva da equidade.

Se considerarmos a Meta 1, por exemplo, que trata da educação infantil, seria importante, em uma perspectiva de ERER, propor ações voltadas à expansão de vagas de creche considerando o atributo racial.

Ou seja, qual é a maior população que está fora de creche e que mais precisa dela? Sabemos que a desigualdade entre brancos e negros na educação infantil – creche não está dentro do sistema, mas fora dele.

Quais as ações do governo federal em relação aos municípios para induzir a equidade, neste sentido?

Na Meta 3, do ensino médio, também não há referência ou estratégia voltada aos estudantes negros, mesmo os dados mostrando que aqueles que mais evadem e o menor percentual de acesso nesta etapa da educação são relativas a esses estudantes. Novamente, tem-se a ausência do Estado coordenando ou induzindo junto aos estados, ações voltadas a uma educação antirracista.

A Meta 7, voltada à qualidade da educação, é outro ponto bastante sensível e que deveria ser objeto de atenção em uma política de Estado que busque construir um Estado antirracista, do ponto de vista educacional. A principal dimensão da Meta 7 é o Indicador de Desenvolvimento da Educação Básica (Ideb).

Como se sabe, cada escola brasileira, município e estado possui uma meta a ser alcançada no Ideb, que, por sua vez, é formulada com dois indicadores: fluxo e nota dos estudantes na Prova Brasil.

A cada dois anos, ficamos sabendo se determinada escola alcançou ou não a nota. O problema é que a informação que chega ao gestor não mostra notas individuais. Se uma escola alcançou a meta, por exemplo, o gestor não pode identificar quais são os alunos que, porventura, estão puxando a nota para cima.

Lembrando que o indicador não tem uma variável socioeconômica ou de raça. Ou seja, o Ideb, como explicado no capítulo "A avaliação educacional", é um indicador sintético, que tem apenas duas dimensões: média das notas de Língua Portuguesa e Matemática na Prova Brasil e percentual de rendimento (fluxo) da escola. O indicador não considera o nível socioeconômico dos estudantes, nem o seu pertencimento racial, que são as duas variáveis com forte poder explicativo das desigualdades escolares, já largamente constatado pela literatura nacional e internacional.

O PNE também não foi capaz de induzir uma alteração no processo de tomada de decisão dos gestores, de modo a identificar quais os alunos não estavam aprendendo, e propor soluções pedagógicas.

Metas importantes como a 7ª do PNE não incluíram formas de monitoramento e de avaliação de sistemas de ensino voltados à desigualdade racial. Do mesmo modo, a meta de financiamento, nº 20, se cala sobre possíveis formas de alocação de recursos em perspectiva de justiça social.

A única fonte de financiamento que tem uma dimensão racial é o Valor-Aluno-Ano-Resultado (VAAR), do Fundeb, que prevê, na condicionalidade III, o recebimento dos 2,5% dos recursos, apenas para os entes federados que reduzirem desigualdades socioeconômicas e raciais. E é sempre bom lembrar que esta foi uma conquista do povo negro brasileiro.

O sistema educacional brasileiro, como um todo, utiliza uma lógica universalista de financiamento, independente das desigualdades do aluno, desconsiderando que aqueles que vêm de famílias mais empobrecidas, com capital cultural menor, que só têm na escola a possibilidade de acessar bens culturais e pedagógicos significativos.

É preciso que os recursos financeiros sejam alocados levando em consideração o fato de que as escolas onde estudam os alunos negros são as que apresentam menor qualidade em infraestrutura e insumos pedagógicos. Ou seja, tem de existir um pensamento de equidade por detrás do financiamento educacional.

A seleção dessas metas do Plano Nacional de Educação (2014-2024) nos mostra que a política de Estado construída não traduz uma Educação das Relações Étnico-Raciais ou uma antirracista de educação, que, necessariamente, prevê a equidade na sua estrutura.

Uma importante contribuição teria sido a incorporação do Plano ERER pelo Plano Nacional de Educação, já que ele avança significativamente em direção à gestão de sistema com a inclusão de eixos como Condições Institucionais, Avaliação e Monitoramento, Participação Democrática e fortalecimento do marco legal.

É curioso porque, já em 2005, a professora Lucimar Dias perguntava quantos passos a questão racial teria dado nas leis voltadas à educação, no intervalo de 1996 a 2003, que corresponde à publicação da LDB e sua alteração, por meio da Lei nº 10.639/2003.

Uma das conclusões a que ela chega é que existe uma lacuna entre a aprovação dos marcos legais e a sua operacionalização em políticas educacionais concretas, quando se trata da questão racial.

Para ela, essa distância somente poderá ser suprimida na medida em que, entre um passo e outro, houver pressão política pela efetiva incorporação pelo Estado das propostas inseridas na lei.

Ao que tudo indica, há, ainda, uma longa jornada a ser trilhada. Mas é preciso reconhecer, também, que importantes passos vêm sendo dados desde então, impulsionados, sobretudo, pelos movimentos sociais, particularmente, pelo movimento negro.

Sugestões de leitura

ALVES, Maria Teresa Gonzaga. Caracterização das desigualdades educacionais com dados públicos: desafios para conceituação e operacionalização empírica. *Lua Nova: Revista de Cultura e Política [online]*, n. 110, 2020, pp. 189-214. Disponível em: <https://doi.org/10.1590/0102-189214/110>. Acesso em: 4 jul. 2021.

ALVES, Maria Teresa Gonzaga; FERRÃO, Maria Eugênia. Uma década da Prova Brasil: evolução do desempenho e da aprovação. *Estudos em avaliação educacional*, v. 30, n. 75, 2021, pp. 688720. Disponível em: <https://doi.org/10.18222/eae.v0ix.6298>.

BAUER, Adriana; GATTI, Bernadete A.; TAVARES, Marialva R. (Orgs.). *Vinte e cinco anos de avaliação de sistemas educacionais no Brasil*: origem e pressupostos. Florianópolis: Insular, 2013, v. 2.

CAVALCANTI, Cacilda Rodrigues. *Tensões federativas no financiamento da educação básica*: equidade, qualidade e coordenação federativa na assistência técnica e financeira da União. Tese (Doutorado) – Universidade Federal de Minas Gerais, Faculdade de Educação. Belo Horizonte, 2016.

DURKHEIM, Émile. *Da divisão do trabalho social.* 4. ed. São Paulo: Martins Fontes, 2010.

ERNICA, Mauricio; RODRIGUES, Erica Castilho. Desigualdades educacionais em metrópoles: território, nível socioeconômico, raça e gênero. *Educação & Sociedade [online]*, v. 41, 2020, p. 110. Disponível em: <https://doi.org/10.1590/ES.228514>. Acesso em: 4 jul. 2021.

GOBETTI, Sérgio Wulf; ORAIR, Rodrigo Octávio. Progressividade tributária: a agenda negligenciada. *Textos para Discussão IPEA*, n. 2190: abr. 2016.

GOMES, Nilma Lino. Diversidade étnico-racial, inclusão e equidade na educação brasileira: desafios, políticas e práticas. *Revista Brasileira de Política e Administração da Educação*, v. 27, n. 1, jan.abr./2011, pp. 109-121.

LASCOUMES, Pierre; LE GALES, Patrick. A ação pública abordada pelos seus instrumentos. *Pós Ci. Soc.*, v. 9, n. 18, pp. 19-44, jul./dez. 2012.

OFFE, Claus. *Problemas estruturais do Estado capitalista*. Trad. Bárbara Freitag. Rio de Janeiro: Tempo Brasileiro, 1984.

OLIVEIRA, Romualdo Portela; SANTANA, Wagner (Orgs.). *Educação e federalismo no Brasil*: combater as desigualdades, garantir a diversidade. Brasília: Unesco, 2010.

OLIVEIRA, Romualdo Portela de; ARAUJO, Gilda Cardoso de. Qualidade do ensino: uma nova dimensão da luta pelo direito à educação. *Revista Brasileira De Educação*, v. 28, 2005, pp. 5-23. https://doi.org/10.1590/S1413-24782005000100002

SUPREMO TRIBUNAL FEDERAL. Salário-educação deve seguir número de alunos matriculados, decide STF. 15 jun. 2022. Disponível em: <https://portal.stf.jus.br/noticias/verNoticiaDetalhe.asp?idConteudo=489005&ori=1>. Acesso em: 18 jul. 2023.

SOARES, José Francisco e Alves, Maria Teresa Gonzaga. Desigualdades raciais no sistema brasileiro de educação básica. *Educação e Pesquisa [online]*, v. 29, n. 1, 2003, pp. 147-165. Disponível em: <https://doi.org/10.1590/S1517-97022003000100011>. Acesso em: 3 jul. 2021.

SOARES, José F.; DELGADO, Victor Maia S. Medida das desigualdades de aprendizado entre estudantes de ensino fundamental. *Estudos em Avaliação Educacional*, v. 27, n. 66, 2016, pp. 754-780.

TRIPODI, Zara Figueiredo; DELGADO, Victor Maia Senna; JANUARIO, Eduardo. Ação Afirmativa na Educação Básica: subsídios à medida de equidade do Fundeb. *Educação & Sociedade*, v. 43, 2022, e254823_pt. https://doi.org/10.1590/ES.254823_pt.

Os autores

Carlos Roberto Cury é doutor em Educação pela Pontifícia Universidade Católica de São Paulo (1977). Realizou estágio pós-doutoral na Faculdade de Direito do Largo São Francisco da Universidade de São Paulo (USP) (1994 e 2021-2022), na Université de Paris (René Descartes, 1995) e na École des Hauts Études en Sciences Sociales (EHESS) (1998-1999). É professor emérito da Universidade Federal de Minas Gerais (UFMG), professor *Honoris Causa* da Universidade Federal do Paraná e professor adjunto da Pontifícia Universidade Católica de Minas Gerais, onde atua na graduação e pós-graduação (mestrado e doutorado). Foi membro do Conselho Nacional de Educação (1996-2004). É membro do Conselho Nacional da Comissão de Educação da Sociedade Brasileira para Ciência (SBPC). Foi presidente da Coordenação de Aperfeiçoamento de Pessoal de Nível Superior (Capes, 2003).

Zara Figueiredo Tripodi é doutora em Educação pela Universidade de São Paulo (USP) (2014), com estágio pós-doutoral no Centro de Estudo da Metrópole (USP/Cebrap). É professora de Política Educacional da Universidade Federal de Ouro Preto, onde atua também no Programa de Pós-Graduação em Educação. Atualmente, exerce o cargo de Secretária Nacional de Educação Continuada, Alfabetização, Diversidade e Inclusão – Secadi, no Ministério da Educação (2023). Tem experiência na área de Educação, com ênfase em Política Educacional, atuando principalmente em temas como equidade racial na educação, nova gestão pública e governança educacional.

GRÁFICA PAYM
Tel. [11] 4392-3344
paym@graficapaym.com.br